二战风云
震撼博览

史诗巨著
全彩呈现

怒海翻腾

第二次世界大战大西洋战事

胡元斌 严 锴 主编

台海出版社

前言 PREFACE

1937年7月7日，驻华日军在卢沟桥悍然向中国守军开炮射击，炮轰宛平城，制造了震惊中外的"七七事变"，中国的抗日战争全面爆发。1939年9月1日，德国入侵波兰，第二次世界大战正式开始。1945年9月2日，日本签署投降书，第二次世界大战宣告结束。

这是人类社会有史以来规模最大、伤亡最惨重、造成破坏最大的全球性战争，也是关系人类命运的大决战。这场由德、意、日法西斯国家的纳粹分子发动的战争席卷全球，世界当时人口总数的80%的20亿人口受到波及。这次世界大战把全人类分成了两方，由美国、苏联、中国、英国、法国等国组成的反法西斯同盟国与由德国、日本、意大利等国组成的法西斯轴心国，进行对垒决战。全世界的人民被拖进了战争的深渊，迄今为止这是人类文明史上绝无仅有的浩劫和灾难。

在这场大战中，交战双方投入的兵力和武器之多、战场波及范围之广、作战样式之新、造成的损失之大、产生的影响之深远都是前所未有的，创造了许多个历史之最。

第二次世界大战的胜利具有伟大的历史意义。我们历史地、辩证地看待这段人类惨痛历史，可以说，第二次世界大战的爆发给人类

造成了巨大灾难，使人类文明惨遭浩劫，但同时，第二次世界大战的胜利，也开创了人类历史的新纪元，给战后世界带来了广泛而深远的影响。促进了世界进入力量制衡的相对和平时期；促进了一些殖民地国家的民族解放；促进了许多社会主义国家的诞生；促进了资本主义国家的经济、政治和社会改革；促进了世界科学技术的进步；促进了军事科技和理论的进步；促进了人类认识史上的一场伟大革命；促进了世界人民对和平的深刻认识。

第二次世界大战的胜利也是世界人民反法西斯战争的胜利，成为20世纪人类历史的一个重大转折，它结束了一个战争和动荡的旧时期，迎来了一个和平与发展的新阶段。我们回首历史，不应忘记战争给我们带来的破坏和灾难，以及世界各个国家和人民为胜利所付出的沉重代价。我们应当认真吸取这次大战的历史经验教训，为防止新的世界大战发生，维护世界持久和平，不断推动人类社会进步而英勇奋斗。

这就是我们编撰《第二次世界大战纵横录》的初衷。该书综合国内外的最新研究成果和最新解密资料，在有关部门和专家的指导下，以第二次世界大战的历史进程为线索，贯穿了第二次世界大战的主要历史时期、主要战场战役和主要军政人物，全景式展现了第二次世界大战的恢宏画卷。

该书主要包括战史、战场、战役、战将和战事等内容，时空纵横，气势磅礴，史事详尽，图文并茂，具有较强的历史性、资料性、权威性和真实性，非常有阅读和收藏价值。

怒海翻腾

目录 CONTENTS

超级潜艇大战

德国实行"狼群战术" 002

法西斯潜艇喋血沧海 007

日不落帝国追杀猎物 011

美国商船遭受突袭 015

英国飞行员空中打潜艇 018

同盟国鱼雷追杀潜艇 023

美英与德的科技大较量 028

英美敲响德潜艇战丧钟 033

潜艇大战的最终赢家 042

海港生死较量

纳粹德国大举入侵挪威 046

德国海军强行攻占奥斯陆 050

里夫上校乔装抢滩 053

"大欧"战机轰炸海港 056

纳尔维克的生死较量 058

大突袭别动队

英国组建"燕子"别动队 066

英军空降敌营陷入困境 073

别动队机智勇敢立战功 076

希特勒原子弹的沉没 080

第二次世界大战大西洋战事

西西里登陆战

美英同盟国集结西西里　086

德意布防地中海要塞　091

盟军用计攻占西西里岛　093

诺曼底登陆战

盟军任命最高司令官　102

名将云集英吉利海峡　109

盟军研究"霸王"方案　116

盟军召开高层军事会议　121

敲定具体登陆战日期　126

美国实施声东击西计划　129

神兵空降诺曼底战场　135

血雨腥风的"奥马哈"　146

盟军终于占领诺曼底　161

东南欧大解放

苏军攻克基什尼奥夫　172

南斯拉夫黎明前的决战　179

布达佩斯的解放战役　190

希腊人民的解放斗争　199

怒海翻腾

第二次世界大战大西洋战事

超级潜艇大战

第二次世界大战爆发后，德国的潜艇队像"狼群"一样肆虐于大西洋和地中海，疯狂截杀欧洲各国的商船，至1940年3月，德国潜艇共击沉英国船只近200艘，达70余万总吨位。为了抑制德军的猖狂行动，美国和英国联手，对德国潜艇进行了毁灭性的打击，最终赢得了潜艇大战的胜利。

德国实行
"狼群战术"

　　大西洋的海面平静得十分可怕，没有海风，没有海浪，却有些像黑色大鲨鱼的家伙幽灵一般在海水里游弋着，游弋着，它来无踪去无影，简直就像海底魔兽。它不是魔兽，它是比大鲨鱼还恐怖的大家伙，它就是号称"沉默杀手"的潜艇。

　　潜艇自20世纪初问世以来，由于具有高度的隐蔽性和强大的突袭力，因而成为海战的主战杀手，被称为海上的"黑色暗礁"。谁要是碰上了它，那就倒霉了啊！

第二次世界大战时期的潜艇

那还是在第一次世界大战中，为争夺制海权和封锁敌国海上运输，英国与德国在大西洋和地中海等海区，就爆发了空前激烈的潜艇战与反潜战。在战争的开始，德国海军曾经企图用常规的大型水面舰艇挫败英国的海军，封锁英伦三岛周边的海域。但是，不久德军却发现，水面舰艇部队无法与在吨位和火力方面均占绝对优势的英国皇家海军相匹敌，他们只能甘拜下风。

德军统帅部于是将海战的希望寄托于潜艇，大力研制和发展潜艇，实施"无限制的潜艇战"，主要作战目标是英国及其盟国商船，希望通过对英国实行海上经济封锁，迫使英国投降或退出战争。

德国潜艇战确实给英国经济造成了巨大损失，也给世界上其他国家无辜人民造成了巨大生命财产损失。可以说，德国潜艇就像装满恶魔的海盗船。

1915年5月7日，美国豪华轮船"露西坦尼亚号"被德国潜艇击沉，1000多人丧生，这是德国制造的人间悲剧之一。

1917年年初，德国海军在给德皇报告中称，再经过5至7个月的"全面无限制潜艇战"后，英国经济将会崩溃。这个报告得到了德国皇帝的批准。

从此，德国海军便把全部潜艇用于袭击英国商船。英国也针锋相对，在加强护航的同时，严密封锁德国的海岸，德、英潜艇战渐趋激烈了。

　　德国在实行"全面无限制潜艇战"后的两个月里，仅在北海和大西洋，就有总吨位为145万吨的840多艘商船被击沉。但是，随着美国海军参加护航和英国反潜体制的日益完善，德国1917年投入的107艘潜艇有72艘被击沉了。就在1915年，美国轮船"露西坦尼亚号"被德国潜艇击沉时，美国总统威尔逊的顾问豪斯就认为，仅凭德国没有道歉，也无任何歉意的表示，美国就应立刻向德国宣战。但美国保持了两年的中立后，终于在1917年向德国宣战。

　　1918年，英国海空军加强了对德国潜艇基地的封锁和轰炸，在德国潜艇进出的要道上设置了严密的防潜阻拦线，频繁对德国潜艇制造厂和锚泊地进行空袭，投入了约5000艘各型舰艇、1100架反潜飞机、230艘飞艇和系留气球，还有数以千计的装有火炮和深水炸弹的武装商船，到处追歼德国潜艇。

　　在英、美强大反潜的打击下，德国潜艇损失十分惨重。1918年11月11日，德国战败投降，持续了5年的德英潜艇战与反潜战以德国的失败而告终。

　　历史往往出现惊人的相似。在战败的20年后，德国又慢慢走上了复苏之路。德国在希特勒称霸世界的狂热梦想中，把欧洲再次拖入了世界大战的泥淖，在第二次世界大战中，德国潜艇大战又惊现了第一次世界大战的相同一幕。德国海军著名将领邓尼茨，沉默寡言、残忍残暴，在第一次世界大战中

潜艇

被俘，战后回国重新加入了德国海军，并在第一次世界大战以著名潜艇英雄威丁根命名的潜艇支队任支队长。

邓尼茨具有狼一样性格，他深信潜艇必须集结成群，才能打破英国人的护航体制。他就任支队长后，就将自己筹划多年的潜艇"狼群战术"投入了训练。至1939年9月第二次世界大战爆发，他的"狼群战术"已十分完善了。

邓尼茨训练的潜艇队像"狼群"一样肆虐在大西洋和地中海，几乎断送了大英帝国的命运。英国首相丘吉尔在战后回忆录中写道：

战争中，唯独使我真正害怕的是德国潜艇的威胁！

德国潜艇因为受到国家战略及其总的作战指导思想的推动，建造了多种类型和多种型号的潜艇，有大、中、小排水量的，有远洋的，有布雷的，有运输的，还有袖珍型的。在整个第二次世界大战期间，这些潜艇充分发挥了自身优势，创造了潜艇史上前所未有的"辉煌"。

德国小型潜艇有三级六型共17艘，排水量在250至300吨左右，能潜深80米，艇首有3具鱼雷发射管，可携带6枚鱼雷，有1门120毫米炮，可以装填弹850至1200枚。这种小型潜艇在第二次世界大战中，多次突入英国设防的港湾进行锚地作战。

德国中型潜艇有二级四型共711艘，排水量626至769吨之间，长65.5至67米，宽5.9至6.2米，水上航速16至17节，水下为8节，水上续航力4300至6100海里，潜深为100米，有5具鱼雷发射管，可携带鱼雷11至14枚，有88毫米和20毫米炮各1门，有2台1050马力柴油机和2台375马力电机，有艇员44人。

德国中型潜艇比小型潜艇的排水量增加了约一倍，所携带的燃料多了，续航力也大大增加，加之所载鱼雷增多，因而可以深入到大西洋作战。

德国大型潜艇有二级五型共169艘，是德潜艇战中的主力，吨位达1100多吨，水上航速有18节，续航力比中型潜艇增加了1／3至1／2，有6具发射管，可携带14至22枚鱼雷，有艇员48人。

大型潜艇的这些性能，为德国潜艇司令部组编"狼群"团队提供了条件。其自给力达到60多天，在参加完一个群的战斗后，可以再参加另一个群的组建。

特别是在1942年以后，德国将原有的火炮都改装为四联装20毫米机关炮和37毫米炮，加强了对盟国日益增强的反潜航空兵的抗击。

德国远洋潜艇有二级三型163艘，与大型潜艇性能差不多，只是远洋潜艇排水量比大型潜艇多500吨左右，长度多10米，编制人数增加了10人。由于装载的燃料多了，因而其续航力达到10000海里，可携带鱼雷也增加了两三枚。

德国布雷潜艇有二级二型14艘，其中布雷潜艇有两种型号，中型潜艇有5个水雷管，管内可置15枝水雷；大型潜艇有33个水雷管，管内可放置66枚水雷。德国布雷潜艇的续航力达8000至15000海里，可深入敌沿岸布设攻势水雷。由于携带的水雷较多，单艇可布设雷阵，艇群可布设较大面积的雷区。潜艇既有较大的续航力，可以深入敌海区，又有良好的隐蔽性，可以抵近敌港岸布雷，因而多用于战役及战略威慑。

德国运输潜艇有二型14艘。随着潜艇战在各大洋上全面展开，德军感到潜艇不够使用，为了节约兵力，减少潜艇往返基地时间，专门建造了为战区潜艇运送鱼雷和油料的运输潜艇。运输潜艇专门用于支援在几千海里之外的大洋上的潜艇作战。德军增加了海上作战潜艇数量，以便猎取更多目标。

在当时条件下，德国运输潜艇对潜艇战起到了一定辅助作用。这些潜艇及其优良的性能，为邓尼茨组织实施海上"狼群"战术提供了坚实的基础，就像一群饿狼样，就待扑向猎物了。

法西斯潜艇

喋血沧海

素以海上殖民帝国著称的英国，80％以上的粮食和战略物资要依赖海外进口，每天平均有2500艘船只航行于海上。北大西洋、中大西洋交织着沟通英国与各大洲国家之间的航线。战时，保障这些交通线的安全便成为英帝国整个防御体系的基础。无论英国还是德国都深知这一点。

邓尼茨在日记中写道：

> 在与海上强国英国作战中，德国最重要的海上战略任务是击沉英国的商船，进行吨位战。只有采用这种方法，我们才能取得对英作战的决定性胜利。

邓尼茨是这样说的，更是这样做的。1939年9月3日，英国对德正式宣战。当天邓尼茨派出的"U—30号"潜艇初战告捷，击沉英国邮轮"雅典娜号"，由此拉开了第二次世界大战的潜艇战与反潜战的序幕。

开战初期，由于德国海军力量远不如英国海军强大，尤其是大型水面舰只少得可怜，因此，德国主要是展开潜艇战，以单艇在广阔的大西洋对英国运输船队实行"打了就跑"的战术。

至1940年3月为止，德国潜艇共击沉英国船只近200艘，达70余万总吨位。

尽管英国于1939年5月便建立起护航制度，但每天仍有不少船只惨遭德国潜艇袭击，这些潜艇被人们称为"海狼"，使英国人闻之色变。此外，英国

战舰也成为德国潜艇的攻击目标。

1939年9月19日，德"U—29号"潜艇在通往不列颠群岛的西航道外一举击沉了英国航空母舰"勇敢号"。为此，英国人不得不将航空母舰从德国潜艇活动频繁的地区撤了回去。

10月14日，邓尼茨指派他的爱将普里安少校，率"U—47号"潜艇长途奔袭英国本土海军基地斯帕卡湾，击沉英战列舰"皇家橡树号"，舰上近800名官兵葬身海底。

此后，英国人被迫放弃了斯帕卡湾这一重要海军基地。另外，德潜艇还击伤了英"纳尔逊号""巴勒姆号"战列舰和"贝尔法斯特号"巡洋舰。德方仅损失14艘潜艇。

1940年6月，法国沦陷。英国失去了法国舰队的支持，而德国却获得了离大西洋更近的大陆西海岸的海港和潜艇基地。同时，德国潜艇数目也有了增加，这使邓尼茨决定实施其以前难以施展的潜艇战新战术——"狼群战术"，即多艘潜艇协同作战，一旦发现盟国护航舰队，便由一艘潜艇搜索追击，并用无线电引导其余潜艇到场集合，然后在水上连续数日夜袭，直至歼灭猎物为止。

邓尼茨明确指出，这一作战模式的实质是经济战，通过阻断大西洋上英国的经济生命线来遏制其战争能力。

1940年夏秋之际，因为英国不得不保留强大的驱逐舰队保卫本土，一时间英国的护航力量薄弱得不堪一击，形势对德潜艇经济战非常有利。仅在6月，德国潜艇便击沉英船58艘，总吨位达28.4万吨。为此，丘吉尔急呼罗斯福派驱逐舰援助英国。

1940年9月，英、美达成协议，美国以50艘旧驱逐舰为代价租借英国在西印度群岛、百慕大以及纽芬兰的海空基地。但这并不能立即改变英国在大西洋的护航劣势，德国"狼群"仍然为所欲为。

10月17日至18日夜，6艘德国潜艇在北海结群袭击了由加拿大驶往英国的"SC—7"护航运输船队，击沉17艘货船。

第 二 次
世界大战
大西洋战事

　　10月19日上午，普里安指挥的德"U—47号"潜艇正在英国北海峡口的柯卡尔沙洲附近巡游。突然，一支庞大舰队驶进了他的潜望镜，普里安细心数了数，共有运输商船34艘，外围有6艘驱逐舰护航。他喜出望外，一边在后面紧紧尾追，一边向潜艇司令部发报。

　　邓尼茨不明白，这些英国人为什么撞了南墙还不知道回头。他接到普里安的报告后，立即命令周围海域的所有潜艇，迅速向"U—47号"靠拢，结群作战，争取取得最大战果！

　　不一会儿，"U—47号"潜艇周围已聚集了6艘潜艇，有的潜艇刚从袭击"SC—7号"潜艇的战场上下来，本应回港庆功，但一闻到血腥味也匆匆赶来

大海中的商船 ▼

参加对英国护航船队的猎杀。

　　潜艇散布于船队航线的两侧，犹如夹道欢迎一般。夜幕降下来时，德国潜艇一切准备就绪，攻击的时刻到了。但数十艘英国舰船对即将到来的厄运却一无所知。

　　"攻击开始！"潜艇全部浮上了水面。这是一片开阔海域，正适合于"狼群"作战。而且当夜没有月光，空中只有几点星光，驱逐舰一时发现不了潜艇。

　　"U—47号"潜艇放出的两枚鱼雷如离弦之箭，率先向船队扑去。5000吨的首船"斯达朗克号"中雷，船队像炸了窝的羊群，恐慌地向四面散开。护航的军舰既要抢救落水者，又要搜索潜艇，顾头顾不了尾。

　　乘着船队的混乱，各潜艇纷纷寻找目标进行攻击，鱼雷的爆炸声此起彼伏。像饿狼一样的潜艇忽而潜入水下，躲避军舰；忽而浮上水面，发射鱼雷；忽而冲到船队的前部，忽而扑向尾部。胆大的干脆钻进英国船队中间，抵近攻击。海上大屠杀持续到天亮才告一段落。

　　海面上火光熊熊，到处漂浮着遇难的船骸、尸体和船上装载的物资，空气中充满焦糊味，落水的未亡者仍在凄声呼救，战后的场景惨不忍睹！

　　然而，灾难并没有完全过去，潜艇在周围的水下游弋。当第二个黑夜来临时，这场大屠杀又继续进行。直至潜艇上的鱼雷打光，潜艇再也找不到攻击的目标才悻悻离去！

　　在邓尼茨发起的"狼群作战"的高潮期，几百只"狼"在海上觅食，这样的屠杀几乎每日每时都在发生。

日不落帝国

追杀猎物

1941年年初，丘吉尔用加勒比海和西大西洋的海军基地换取的美国50艘超龄驱逐舰参与护航的船队出发了。

这些一战时期的老古董，航速慢，但火力不弱，虽然不能进行舰对舰格斗，护航却绰绰有余。而且这些舰上都安装了英国发明的有效反潜武器，即后来被称为声呐的声音探测器。

在船队不远处的海面上，悄悄升起了一具潜望镜。又是德国的"U—47号"，艇长是普里安。

开战以来，普里安已击沉英国舰船16万吨，他和"U—90号"的艇长克莱施麦以及"U—100号"潜艇的艇长舍普尔，均被邓尼茨封为"王牌艇长"，成为德国的"民族英雄"。

"有潜艇！"护航驱逐舰探测到水下的奇怪音响，随即向四面扩大了搜索范围，深水炸弹和火炮都做好了准备。

普里安见状不妙，立即收回潜望镜，急速下潜。刚刚被"U—47号"召唤来的"U—70号"潜艇躲闪不及，被深水炸弹击中，高压水从裂缝涌入舰体，"U—70号"像一只灌满水的铁罐子沉入了海底。另有两艘潜艇也挨了炸，幸喜伤势不重，逃之夭夭了。

但普里安仍不死心，他紧盯着护航船队不放，企图突破护航线的警戒，寻找下手的机会。

傍晚，海上暴风雨骤起，天空暗如黑夜。普里安再次拿出潜望镜，不料看到的情景使他大吃一惊：英国的"黑豹号"驱逐舰就在眼前，舰上火光闪

动，一排炮弹呼啸打来。他立即命令"U—47号"潜艇紧急下潜，企图摆脱险境。

与此同时，"黑豹号"高速扑向"U—47号"潜艇。就在潜望镜刚刚下潜的地方，一枚深水炸弹爆炸了。"U—47号"潜艇的推进器轴受损，螺旋桨旋转时发出了难听的尖叫声，这等于随时向"黑豹号"报告自己的位置。

这里的水深千米，如果停机坐沉海底，那么，沉下去就永远上不来了！可是，普里安又想不出别的脱险办法，只有开足马力，拼命狂逃，在水下绝望地划着"S"形，以图避开深水炸弹。

"黑豹号"凭着那灵敏的声呐探测器紧追不放，始终以自己的舰体压在"U—47号"潜艇的上方，并不断把一枚枚深水炸弹投向"U—47号"潜艇。这场追击战延续了近5个小时，就在深水炸弹快用完时，"黑豹号"的声呐探测器也失去了回声。

不一会儿，水下翻起一团巨大的水花，随后又泛起一片乌黑的油迹，"U—47号"潜艇终于一命呜呼。

10天以后，"U—90号"潜艇和"U—100号"潜艇在攻击英国护航舰时也被击沉，舍普尔和他的40名水兵全部丧生，克莱施麦则成为俘虏。邓尼茨的"王牌"像流星一样熄灭了，他的"狼群"一片悲惨凄凉。

1941年7月，美军登陆冰岛，接替英军守

卫该岛。随后，美国又担负起在冰岛以西护送运输船队的任务。

9月11日，罗斯福总统宣布了美国在大西洋的护航原则：美国将对大西洋的德国舰艇实行不等对方首先进攻就予以打击的"见了就打"政策，这其实就是美国对德国的不宣而战。

本来希特勒是竭力想避免同美国发生直接武装冲突的。他认为，德国征服欧洲、摧毁苏联、最后制服英国的目标是可以实现的，但必须有一个条件：就是美国不介入。因此，他在1939年9月向德国海军将领下达了严格的命令：

任何德国潜艇和军舰不准在大西洋攻击美国船队。

但美国参加护航后，与德国潜艇的冲突就不可避免地时有发生，德、美两国之间尽管还没有宣战，但彼此之间的仇恨已经达到不可调解的地步。

1941年9月，邓尼茨决定对大西洋进行一番彻底的清扫。他把潜艇分成几个群，以侦察的方式横扫辽阔的大西洋。这些"狼群"共拦截了4支护航船队，但由于盟国护航兵力强大，而且当时海面上大雾弥漫，其效果不佳。

1941年的最后3个月，德国在大西洋的潜艇战进入了所谓的"萧条时期"。为配合北非战场和东线战场，大量潜艇被派往地中海和波罗的海，导致在大西洋作战的潜艇剧减。

至1941年11月，德国在大西洋作战的潜艇仅剩5至10艘了。在整个1941年，德国潜艇共击沉了432艘盟国船只，低于1940年的战绩。而德国共有24艘潜艇被摧毁。

如此不尽如人意的战绩，邓尼茨的作战处长觉得："我们对护航运输队已无能为力。"这正如邓尼茨所说："潜艇部队的指挥机关在忧虑和苦恼中度过了1941年。"

美国商船
遭受突袭

1941年12月珍珠港事件之后，德国对美宣战，邓尼茨即开始对美实行"全面无限制潜艇战"。

自从德国向美国宣战后，美洲的一些国家也相继参战，战火烧到整个西半球。这之前，潜艇战的战场只限于英伦三岛和地中海，而现在邓尼茨的"狼群"可以无所顾忌地西进，开辟新战场。

德国制造了可以远洋活动的大型潜艇，并且有排水量2000吨、绰号为"奶牛"的巨型油料补给潜艇的配合，"狼群作战"又有了新的转机。

1941年12月9日，邓尼茨向他的潜艇部队发出指示：自即日起，对所有商船攻击的限制取消！即实行"全面无限制潜艇战"。随后，邓尼茨开始指挥"狼群"攻击美国。

12月16日，第一批由5艘潜艇组成的"狼群"在"U—133号"艇长哈尔德根少校的率领下，悄悄驶离比斯开湾的基地，向美国东海岸进发。邓尼茨严格命令，为保证此次行动的突然性，在驶往美国东海岸的途中，不许攻击任何目标。

"山姆大叔"太麻痹了。虽然报纸上天天画有邓尼茨和德国潜艇的狰狞漫画，也刊有英国船队遭受袭击的悲惨消息，但人们普遍认为，那是在欧洲水域，和美国大陆隔着一个大西洋呢！

他们根本想不到，就在纽约港口外不远处的水下，5艘潜艇像"野狼"一样正贪婪地盯着自己。美国人可能忘了，既然宣战了就是敌人；既然是敌人，就有面临攻击的危险。

　　"U—133号"艇长哈尔德根少校怎么也不相信自己的眼睛：摩天大楼上的霓虹灯喷红吐绿，自由女神像也被灯火装饰得大放异彩，一艘艘商船前呼后拥，进进出出，所有的船只都亮着灯。

　　"天哪，这哪像战争！我怀疑他们是不是已向德国宣战，也许是在搞建国大庆！"哈尔德根后来写道：

　　　　既没有巡逻警戒，更谈不上护航编队。潜艇在这里作战，根本不需要什么战术，只要你会按那个鱼雷发射按钮就行了！当时，我真不忍心去打破那个被灯火编织成的美妙画面。

　　当然，哈尔德根不会真的发慈悲，战争也不允许他发慈悲！5艘潜艇各自选好了发射位置，哈尔德根下达攻击命令后，毫不犹豫地按下了发射按钮。

　　此后，哈尔德根带领他的5艘潜艇从纽约港南下，昼夜潜浮，沿途大打出手。

　　威廉斯堡、查尔斯顿、佛罗里达，到处都有被他们击沉的商船。有时候他们杀得兴起，干脆白天也浮上水面，用舰桥上那门小口径高炮，轰击岸上的炼油厂、油

库等大型目标。

当月，美、英盟国的海上损失急剧上升至55万吨，哈尔德根也成为邓尼茨的新"王牌艇长"。

美国这块大陆自南北战争以来，已有80年与炮火硝烟绝缘，德国潜艇的袭击才使它的公民亲身感受到战争的存在。

饱受潜艇之苦的美国也开始编组护航船队。但是，邓尼茨的"狼群"继续南下，进入了加勒比海和南美海域。广阔的大洋上有无数条航线，处于攻击一方的德国潜艇完全掌握了主动权，不断转移攻击目标，使美、英有限的护航兵力疲于奔命，防不胜防。整个1942年，盟国商船的月损失都保持在60万吨左右。

被击沉的船只 ▽

英国飞行员
空中打潜艇

被誉为潜艇战大师的德国海军元帅邓尼茨曾讲过："乌鸦抓不住鼹鼠，飞机也消灭不了潜艇。"

在第二次世界大战的初期，飞机确实像一只只呆笨的乌鸦，面对尖齿利爪的鼹鼠——潜艇，束手无策。由于缺乏有效的攻击武器，又无法对潜艇进行准确的定位，许多潜艇从飞机的眼皮底下溜走了。

看来，需要对炸弹进行改进。同时，还需要增设轰炸瞄准具和新的探测仪器。但装备一种崭新的武器，从研制到完善和成批生产至少需要两年时间。因此，改进一种原有的武器以满足急需便成为首选方案。

当时，在英国能找到的唯一的机载反潜武器就是450磅的圆柱形反潜炸弹。英军以这种炸弹为原型，在1940年春制造出了一种供反潜飞机临时使用的武器，这就是Ⅶ型深水炸弹。这种炸弹的弹头部有圆形整流罩，尾部有尾翼，空中姿态很稳。

岸防航空兵于1940年8月从海军部领来700个这种反潜炸弹，经局部改制后装备在较大型的反潜飞机上。之后，又将小型的250磅Ⅶ型深水炸弹装备在小型飞机上。

鲍恩博士和他的研究小组研制了ASⅦ型雷达，接着又为这种雷达设计了配套的天线系统，使雷达的探测距离有了明显的增加。

飞机与潜艇总是千方百计地设法首先发现对方。怎样才能使飞机不易被潜艇发现呢？无论是昼间还是夜间，在光亮的天空背景下，飞机总是一个容易被看见的黑点。因为岸防航空兵使用的飞机过去一直执行夜间轰炸任务，

飞机下表面被涂成黑色。

飞行员们联想到，海鸥和其他海鸟的腹部一般是较明亮的白色，这可以使它们捕食的动物不容易发现它们。

因此，一架"威灵顿"式飞机下表面被涂成白色，它和另一架涂黑色的飞机进行了对比试验。当两架飞机飞过地面观察员的上空时，涂白色的飞机被发现的距离要比涂黑色的飞机低20％。

他建议所有反潜飞机下表面都涂成白色。根据这个数据算出，白色飞机攻击水面潜艇的机会要比黑色飞机高30％。

反潜航空兵通过仔细研究德国潜艇的"狼群"战术后认为，如果能捕获跟踪潜艇发出的信号，再利用该信号测定出潜艇的位置，飞机就能进行快速有效的攻击，使"狼群"无法进攻。

因此，英国科学家们研制了一种小型高频定向探测仪，用数个仪器测得的方位数据便可以准确地测出跟踪潜艇的位置。

1941年下半年，第一二○航空中队成为英国岸防航空兵的新成员。因为德国潜艇的主力转移到大西洋中部，在岸基飞机中只有第一二○中队的"解放者"式飞机能到达这一海域。

该中队装备的"解放者"是4发动机的飞机，这是当时一种比较先进的反潜飞机。它的最大特点是飞行距离远，最大载油量为2500加仑，可以在距基地1100千米远的区域内巡逻3小时，最大续航时间为16小时。

飞机上装有4门20毫米前射机关炮，6门0.303英寸机关炮，6枚250磅深水炸弹。机尾装有AS Ⅶ型雷达的旁视扫描设备，机首、机翼上装有自导天线。

该中队有一名出色的飞行员，他的名字叫布洛克，是北爱尔兰人，战争初期曾驾驶"安桑"式和"赫德逊"式飞机进行反潜作战。当第一二○中队改装"解放者"式飞机后，他便参加了第一二○中队，被官方称为"卓越的"飞行员、"杰出的"领航员。

他的眼睛像雄鹰一样敏锐，德国潜艇很少能逃过他的视线。他对新式武器异常感兴趣，总是力求发挥新式装备的最佳战斗效能。

1942年8月16日，布洛克在亚速尔群岛附近海面发现了一艘德国"U—89"潜艇，他用深水炸弹进行了攻击。由于飞机没有携带定深深水炸弹，使攻击缺乏准确性，这艘潜艇虽遭损伤但并未被击沉。

两天以后，布洛克在同一地区又攻击了另一艘潜艇，该艇受到重创，但最终也返回了基地。

布洛克和他的机组成员非常恼火，为什么总不能把潜艇击沉？

经过认真思索，布洛克改革了攻击潜艇的方法。以前，岸防航空兵的飞行员总是从垂直于潜艇的正横方向进行攻击，这样投下的炸弹有一半要落在目标被毁伤距离之外，这是一种很大的浪费。

布洛克决定下次攻击时要从潜艇首尾方向进行攻击，并将炸弹的间隔减至最小限度，使每个深水炸弹都能发挥最大的作用。这就要求飞行员有高超的飞行技巧，不

允许攻击方向有丝毫偏差，否则炸弹将不能覆盖潜艇。

10月12日中午，布洛克从冰岛起飞，为一支运输队护航。飞机平稳地飞行着，海面异常平静。突然，机组一名成员发现右侧的海面上出现一条航迹，在平滑如镜的海面上泛着白光，异常显眼。布洛克迅速驾机飞了过去。

他从太阳方向接近，借助太阳光的掩护可以避免潜艇上的人员发现他。他看清了，是一艘德国潜艇。他绕到潜艇艇尾方向，像一支离弦之箭笔直地向潜艇俯冲过去。

在潜艇从其机首下方消失的瞬间，他投下了深水炸弹，深水炸弹之间的间隔只有25米。有两个深水炸弹因机械故障未能脱离弹架，其余6个均准确地进入水下相应的位置。

太棒了，即使有人直接站在潜艇甲板上，顺着潜艇舷边抛下深水炸弹，也很难取得比这更好的结果。一枚炸弹在艇尾附近爆炸，两枚分别在艇壳的两边爆炸，最后一枚在艇首爆炸。潜艇的碎片随之飞向空中，一大块椭圆形弹片擦着飞机后炮塔飞过。它被击沉了！

看来，这种首尾方向攻击是卓有成效的。3个星期后，即11月5日，布洛克又攻击了两艘德国潜艇。

第一艘反应很快，看到即将遭受攻击便很快地潜入水中。第二艘潜艇的观察哨则不太警惕，没有及时发现飞机。布洛克从该艇的首尾方向进行了准确的攻击，从艇首至艇尾，炸弹一个接一个爆炸，潜艇被击沉了。

12月，布洛克又创造了单机粉碎"狼群"战术的范例。

12月7日，邓尼茨命令两个艇群共20余艘潜艇驶向大部分岸基飞机掩护不到的"大西洋空白区"，攻击同盟国大西洋护航运输队。

12月8日，德国潜艇一大早便发现了一支护航运输队。

一艘商船随即被击沉，德国人首战告捷。然而好景不长，布洛克的"解放者"式飞机飞来了，德国人又要倒霉了。

事后布洛克回忆：

天刚亮，我们飞到了护航运输队的上空。总部已告诉我们，德国潜艇正在四周活动，我们因此特别小心谨慎地进行着搜索。那天能见度不太好，灰蒙蒙的。不久下了一场冰雹，天气更坏了。我围绕着护航运输队进行着大面积搜索，我马上就交到了好运。在商船队后面，我的左侧，一艘在水面上的潜艇高速航行着，它正在全速追赶护航运输队。

我决定给其以迎头痛击。飞机一个俯冲，以闪电般的速度飞向潜艇。我敢保证，这将是一艘倒霉的潜艇了。它已无法下潜，来不及了。我用6枚深水炸弹进行了攻击。当我拉起飞机回来时，潜艇消失了。

一个小时后，又有两艘相距约300米的潜艇发疯似的追赶20海里外的护航运输队，它们对前面的那块"肥肉"垂涎欲滴，根本没有注意空中即将到来的危险。然而，布洛克仅剩下两枚炸弹。

他清楚，他的任务是护航，不一定非要击沉潜艇，于是便决定把它们逼入水中。他把两枚深水炸弹投了下去，潜艇受到惊吓，急忙潜入水中。

8枚深水炸弹已经用完，机组人员的午餐时间到了，布洛克坐在座舱中，打开了自动驾驶仪，准备就餐。可是一艘德国潜艇恰在此时出现了。他立即发出警报，全体人员都跳了起来，后面响起一阵盘子落地的声音。

布洛克向潜艇俯冲下去，用加农炮进行扫射，把那艘潜艇逼入了水下。此后的5小时内，布洛克共发现了8艘潜艇，对7艘进行了攻击。这架"解放者"式飞机已对护航运输队进行了7小时的掩护，续航时间已达极限，于是飞机飞回冰岛基地。

布洛克在一年半的时间内共发现潜艇23艘，攻击了16艘，而许多飞行员在1942年里却没有任何战绩。相比之下，布洛克是出色的。但他并未因此得意，他还要给德舰要沉重的打击。

同盟国鱼雷
追杀潜艇

面对德国猖狂的潜艇战，同盟国不得不商讨对策。

1943年1月，同盟国召开了卡萨布兰卡会议。会上，英国强调在没有解决德国潜艇的威胁之前，进攻欧洲是不可能的。

于是，会议决定把大西洋反潜战放在盟国的战略"优先地位"，并决定采取有力的措施：

第一，英国、美国、加拿大成立海、空军特别联合指挥部，共同对付德国潜艇。

第二，英、美分别增调远程飞机，建立覆盖整个北大西洋的空中保护伞，海空密切协同，粉碎"狼群"战术。

第三，建立火力支援舰队，在远程飞机和护航舰配合下共同反潜。

第四，飞机、舰船上均配备先进的、德国潜艇无法接收到的雷达，以便准确查明潜艇位置。

此外，盟国还改进了深水炸弹和航空火箭，加强了对德国潜艇制造业的战略轰炸，并起用精明强干的霍顿海军上将为反潜总指挥。

同盟国的这些有力的反击措施，预示着在海上横行一时、不可一世的德国"海狼"已在劫难逃。

盟国的空海协同反潜新战术一经实行，立即显示出优势。德国潜艇一旦

露出水面，很快就被盟军飞机的侦察雷达发现，随即招来一顿猛烈的海空反潜炸弹，潜艇不降则亡。

被击沉的潜艇大多是处在水面上的潜艇，要想有效攻击潜入水下的潜艇，则困难得多。要解决这个问题，首先要解决对潜艇的水下定位技术。为此，同盟国科学家们研制了磁力探测仪和声呐浮标。

声呐浮标由一个小型的浮在海面上的无线电发射机和一个用长线挂在下面的水听器组成。水听器可以收听周围水中的各种声音，然后把它们传送给水面发射机，飞机可以用专门的接收机收到发射机发出的信号。

声呐浮标由飞机快速布撒落水时，水听器与浮标底部的容器脱离，在水听器与浮标之间有最长可达24米的电缆。当浮标落水时，与水面的撞击使电路接通，经短时间预热后，发射机就开始发射由水听器接收到的声音。

仅有这种水下探测器还不够，还需要有水下攻击型武器来配合。美国海军组织科学家研制了一种非常可怕的武器——航空自导鱼雷，人们亲切地称呼它为"闲逛的安妮"。

德军潜艇

　　这种鱼雷的声波自导头是依靠潜艇螺旋桨发出的空化噪音而跟踪潜艇的，所以鱼雷本身的螺旋桨噪音不能大于目标潜艇的噪音。因此，它只能是一种慢速武器，像闲逛一样慢悠悠地跟踪潜艇。

　　一般情况下，德国潜艇下潜后总是以尽可能快的速度下潜逃离，以避免深水炸弹的攻击，这样它就会产生空化噪音。鱼雷上的声波自导头可以有效地在300多海里内跟踪这种空化噪音。如果德国潜艇得知这种鱼雷的技术特点，长时间在下潜后有意识地降低航速以避免空化噪音的产生，就可以安全地避开这种鱼雷的攻击。因此，美国对这种鱼雷采取了严格的保密措施。

　　这种鱼雷首先装备了英国空军第八十六中队和第一二〇中队，这两个中队的作战半径均能到达中大西洋。另外，护航航空母舰也开始在大洋中游弋。德国水兵们面临着越来越多的灾难。

　　1943年5月的第一个周末，德国情报部门得到有关盟军两支护航运输队航线的情报。36艘潜艇随即奉命出动。邓尼茨元帅筹划严密，各位艇长也踌躇满志，发誓要给护航运输队以猛烈攻击。一场恶战开始了。

　　5月10日，艇长克劳森海军上尉指挥"U—403号"潜艇紧紧跟随着护航运输队，边发报边伺机攻击。下午，盟军护航航空母舰"比特号"上的一架"剑鱼"式飞机发现了"U—403号"艇，对它进行了攻击，但遭到潜艇对空中火力的猛烈射击，飞机被击伤后勉强飞回航母。然而，潜艇不得不下潜，与护航运输队脱离了接触。

　　12日，又一架"剑鱼"攻击了德军"U—230号"潜艇，

"U—230号"潜艇副艇长维尔纳后来回忆道：

> 我们未能安全下潜。飞机从低空飞来，我转动炮塔准备射击，火炮却出了故障，只好用没装弹药的空炮吓唬飞机。我艇向左舷机动，规避攻击。飞机加快盘旋速度，从我艇正前方冲过来。
>
> 正当我们不知所措时，飞机却在俯冲到最低位置时出了故障，发动机停了。机翼插入水中，然后整个机身钻进了汹涌的大洋。飞机的外翼猛烈地碰到了潜艇的舰桥围壳。飞行员被抛出座舱，举手求救。
>
> 然而，他飞机上的4枚准备攻击我们的炸弹毫不留情地把他送上了西天。猛烈的爆炸震得艇尾向右倾斜，不过我们总算逃脱了。

仍然是12日，英国空军中尉赖特首次用自导鱼雷击伤了一艘德国潜艇。当飞机飞临"U—456号"潜艇时，潜艇被迫下潜，赖特中尉迅速对准下潜旋涡，投下一枚自导鱼雷。

机组人员为了证实鱼雷是否击中目标，在该区域上空盘旋了两分钟，后来看到距鱼雷入水点约900米处鼓起一个小水柱。不一会儿，潜艇艇长泰赫尔特便操纵受伤的潜艇浮出了水面，边逃跑边对飞机进行猛烈的射击。飞机由于燃油不够只好暂时饶了这条"瘸狼"。但逃过初一逃不过十五。次日晨，加拿大第四二三飞行中队的一架"桑德兰"式飞机和两艘护航军舰配合，将这艘潜艇送入了海底。

5月14日，同盟国飞机又用自导鱼雷进行了两次成功的攻击。英国空军第八十六中队和美国海军第八十四巡逻中队的两架飞机各对一艘刚刚下潜的潜艇发射了自导鱼雷，这两艘潜艇是"U—266号"和"U—657号"艇。

与12日一样，经过一段时间后在水面上看到一股蘑菇状的水柱升起。当

时，飞行员甚至不能肯定这枚小小的鱼雷是否已经击沉了潜艇。然而，德国的战时日志清楚地记载着"U—266号"和"U—657号"潜艇正是在这些海域神秘地失踪的。

自导鱼雷看似闲逛，却显示出可怕的威力。随后，这种被称为"闲逛的安妮"的自导鱼雷也装到了其他舰载机上。

7月，在亚速尔群岛附近水域护航的美国航空母舰"桑蒂号"派出双机进行巡逻飞行，飞机均挂载了自导鱼雷，并采用了一种新的战术：用一架飞机迫使潜艇下潜，另一架飞机在其下潜旋涡的正前方施放自导鱼雷。

7月14日，美机用这种战术击沉了"U—160号"潜艇，15日击沉了"U—509号"潜艇，30日击沉了"U—43号"潜艇。

"闲逛的安妮"对德国潜艇进行着可怕的跟踪和屠杀。然而，德潜艇并没有善罢甘休，"狼牙"仍旧锋利，它还在拼死顽抗着。

美英与德的
科技大较量

面对德国"狼群"的拼死顽抗，美、英盟国积极努力，新的反潜手段不断出现。

除音响探测器外，美、英还发明了专门搜索潜望镜的机载雷达，大功率的探照灯，被称为"雪花"的高效长时间照明弹……由于上述众多的科技发明，使得潜艇赖以隐蔽的夜幕逐渐失效。

德国也不甘落后，他们发明了一种雷达波接收机，当潜艇被雷达捕住后，它就会自动报警。他们还在潜艇上安装了通气管，使潜艇不必定期上浮给蓄电池充电，减少了被发现的机会。

道高一尺，魔高一丈，进攻和反击两方的力量此消彼长。盟国在1940年使用的雷达有一个严重的缺陷，就是其最小观察距离总是稍大于夜间目视观察潜艇的最大距离。

原因很简单：当雷达发射一束短促的大功率脉冲时，异常灵敏的接收机在近距离时必须关机，否则便会被烧坏，这样便使雷达对附近大约三四海里内的目标有一个盲区。因此，当潜艇夜间位于雷达的盲区时，几乎总能够避开空中攻击。

1940年9月，英国空军上将鲍希尔向所属部队发布通知，要求全体军人为打败德国潜艇而献计献策，解决夜间攻击潜艇的技术难题。

此时，英国岸防航空司令部的一名做行政工作的空军少校，不知从什么渠道知道了这些情况：这位空军少校突然想到了探照灯。他设想在飞机上安装一个探照灯，到1000米以内时打开探照灯，便可发现德国潜艇。于是，这

位空军少校克服了种种技术难题实现了这一设想。他发明的探照灯成为夜间攻击潜艇的有力武器，为德潜艇点亮了通向地狱的灯光。

1942年6月5日凌晨，一艘意大利潜艇"卢吉托腊利号"在比斯开湾西南角的水面航行。当时正是黎明前的黑暗时分，海面上一片漆黑。突然，潜艇指挥室值班员发现艇首方向一盏耀眼的白灯迅速向潜艇接近。

下潜已来不及了，那很可能是一架英国的飞机，为规避其攻击，值班军官命令左满舵，全速航行。约20秒钟之后，灯光消失，一切恢复了平静。

灯光确实来自一架英国飞机。它是英国皇家空军第一七二中队的杰夫·格雷斯韦尔空军少校驾驶的"威灵顿"式飞机，该机首次使用利式探照灯作战。机上雷达员在约6000米的距离上用雷达捕捉到目标，随即引导飞机向目标飞去。机组人员进入战斗岗位，放下利式探照灯。

坐在机首的特里格少尉打开探照灯，慢慢转动面前的操纵手柄，灯光由近及远地移动，但他却什么也没有发现……格雷斯韦尔凭自己的经验判断，在他重新进入攻击位置之前，意大利潜艇有充分的时间下潜到安全深度。

这时，在潜艇指挥室里，正进行着一场热烈的争论。艇员们解释着刚才的现象："一定是一架己方的飞机，否则为什么不进行攻击呢？"因为意见不能统一，于是决定发射识别信号弹。

正当格雷斯韦尔调整航向准备再次进入攻击位置的时候，他吃惊地看到红、绿、白3个火球腾空而起。

于是飞机内的飞行员们也争论起来：这是不是一艘英国潜艇呢？但飞行员们很快想到，英国潜艇不会向空中发射识别信号，它们只在水面点燃各种颜色的浮灯。于是，争论结束，准备攻击。

潜艇的信号弹给格雷斯韦尔提供了准确目标航向，在信号弹的亮光熄灭之前，雷达员已准确地捕捉到潜艇回波。

格雷斯韦尔再次向潜艇接近，又降至250米的高度，在距离目标三四千米处，特里格打开了探照灯。他按通常的办法将光束慢慢地由下而上照射，果然发现了一艘潜艇。

　　格雷斯韦尔立即投弹，操纵机首机关炮的皮利少尉也开始射击，一串炮弹直奔潜艇指挥室。

　　格雷斯韦尔将飞机下降至50米，在潜艇的正上方投掷了4枚250磅深水炸弹，每枚间隔35米。

　　深水炸弹几乎就在潜艇下方爆炸，潜艇遭到重创。艇长命令把弹药舱淹没在水线以下，以避免潜艇发生自爆。潜艇已无法继续进行巡航，艇长决定将潜艇驶往最近的一个己方港口，即比斯开湾东南角的法国小港，准备在那里进行一下小修，然后开赴波尔多再进行大修。

　　比斯开湾是一个狭长的水域，其东面和东北面是法国海岸，南面是西班牙海岸。当天一早，这艘被严重毁坏的潜艇以15节航速，保持正东航向，摇摇晃晃地航行在距西班牙海岸约6海里并与海岸平行的海面上。

　　大雾向潜艇逼来，由于罗盘已部分损坏，未能指出艇首已过于向右舷偏转。当艇长猛然发现在前方100米远的地方耸立着西班牙佩尼亚斯角的岩石时，已经来不及倒车了，艇首重重地撞在了岩石上。

　　两艘拖船救出了这艘潜艇，把它拖到了西班牙的小港阿维莱斯。地方当局态度明确：按照国际法规定，军舰只允许在中立国港口停留24小时，超过时限要受到拘留。如果到6月6日午夜意大利潜艇还不离开西班牙领土，它将被永远扣留在这里。

　　没有别的办法，这艘可怜的潜艇只好于深夜缓慢而又艰难地驶离阿维莱斯。出港后向东转向，与海岸相距3海里，向法国航行。几乎在潜艇出港的同时，澳大利亚空军第十中队的埃杰顿少尉驾驶着"桑德兰"式水上飞机，在比斯开湾内的西班牙海岸以北进行反潜和反舰巡逻。

　　7日晨，飞机发现了这艘倒霉的意大利潜艇，并进行攻击。潜艇用100毫米甲板炮和13毫米机关炮反击，使飞机遭到损伤，有两名机组人员受伤。然而，埃杰顿仍然坚持攻击，他连续投掷了8枚250磅深水炸弹，潜艇在飞溅的水雾浪花中消失了。

　　然而当水消雾散后，它又顽强地浮了上来，只是舵装置遭到了更严重的损坏。这艘倒霉的潜艇所受的折磨并未至此结束。第十中队约曼上尉驾驶的另一架"桑德兰"式飞机赶到了出事地点，在潜艇上方盘旋，伺机进攻。

　　想不到潜艇上的炮手主动向飞机开火，击伤了飞机尾部。被激怒的约曼掉头进入攻击，双方互相射击，飞机尾部又一次被击中。愤怒的约曼向潜艇四周连续投掷了8枚深水炸弹，潜艇被抛出水面，又跌回水中。

　　两架飞机燃油耗尽，不得已返回基地，而这艘大难不死的意大利潜艇经过轮机兵15分钟的努力后，又向西班牙的桑坦德港驶去。

　　因艇体严重倾斜，全体艇员站在翘起的一侧尽量使潜艇保持平衡。潜艇终于靠岸了，但它已无法离开中立国国土，西班牙当局宣布扣留这艘潜艇。

英美敲响

德潜艇战丧钟

　　比斯开湾是一个狭长的水域，海湾仅宽约300海里，但它却是德国的潜艇往返作战的必经之地，德军的"狼群"就是从这里出发扑向大西洋，扑向加勒比海，扑向北美洲的东海岸，贪婪而残忍地撕咬着大洋上的"羊群"——同盟国护航运输队。

　　盟国的决策者们发誓要向"狼群"开战，比斯开湾的航道顿时成了双方关注的焦点。在这里，盟军航空兵与德潜艇展开了一场殊死搏斗。

　　1942年9月，德国潜艇找到了对付飞机夜间攻击的技术措施。德国海军对英国反潜飞机上的ASV雷达早有所闻，并于1941年缴获了一部ASV雷达。之后，德国工程师将缴获的ASV雷达装在一架"兀鹰"式飞机上进行了飞行试验。

　　接着德国就制造出一批简单的接收机，可探测到同盟国巡逻飞机上的雷达的辐射波。潜艇接收到警报后，可在飞机攻击之前安全下潜。

　　这种接收机能捕捉到30千米外的飞机发射的波束，比飞机上的雷达员发现潜艇的距离远两倍以上。邓尼茨命令所有作战潜艇紧急安装这种接收机。

　　但是，德国国内工业无法完成这项繁重的任务。法国两家公司接受了大量生产这种接收机的订货，它们是巴黎的梅托克斯公司和格朗丹公司。以后这种接收机便被命名为"梅托克斯接收机"。

　　至9月中旬，有几艘德国潜艇率先装备了梅托克斯接收机。在横渡危险的比斯开湾时，它们为没有接收机的伙伴护航。到年底，几乎所有德国潜艇都装备了这种接收机。

　　10月份，比斯开湾上空的盟国飞机仅发现一次潜艇。德国空军元帅米尔

其当时在笔记中写道：

> 元首告诉我，自从潜艇有了这种装备后，在比斯开湾便没有再损失过一艘潜艇，而以前那里却是我们的坟墓。过去潜艇被敌人发现后，在自己还一无所知的情况下便遭到敌人攻击。现在潜艇艇长对敌情能了如指掌！

梅托克斯接收机仿佛使德国潜艇在比斯开湾得到了通行自由。然而好景不长，1943年3月份，"U—333号"潜艇艇长施瓦夫向司令部报告：我艇在未收到任何预先警报的情况下，遭到一架敌机的夜间攻击。我艇轻微损伤，敌机被击落。

原来，ASV是一种米波雷达，针对这种雷达制造的梅托克斯接收机也只能接收到米波雷达波束。当时德国人认为米波不具备反射性质，不能用于雷达。而现在，潜艇突然受袭事件越来越多，德国人已经开始怀疑米波雷达可能是这些袭击事件的原因了。

确实，英国飞机上装备了新式ASⅧ型雷达。邓尼茨一方面命令加紧研制能接收到米波信号的纳克索斯—U接收机，另一方面改变潜艇的战术，以应付目前的困境。邓尼茨采用的新战术就是反击战术。

新战术要求潜艇在夜间潜航通过比斯开湾，白天上浮充电。因为白天潜艇能用目视发现巡逻飞机，在飞机攻击之前或下潜或反击。由于这种反击的费用效率比太高，不久邓尼茨又命令其潜艇编队，在通过比斯开湾时如果遇到飞机攻击，一律不得下潜，而应集中火力驱散或击落飞机。

一开始，这种集群编队航行的效果很好。一队从大西洋返航的潜艇，结伴安全通过了海湾，于1943年6月7日抵达布勒斯特。6月11日，又有一队潜艇安全通过。但情况并非总是这么理想。

6月12日，5艘德国潜艇结伴航行在比斯开湾内，一架英国"桑德兰"式巡逻飞机发现了这个艇群。但增援机群在天黑之前未能赶到这里，失去了这

次战机。

次日傍晚，那架"桑德兰"式飞机再次发现了那个艇群。飞机冒着德军猛烈的高射炮火，对潜艇进行了致命的攻击，深水炸弹击中了一艘潜艇，但飞机也受到重创，摔到了海里。受了伤的"U—564号"潜艇离开艇群，在"U—185号"艇的护卫下返回布勒斯特。

6月14日中午，一架"威特雷"式飞机发现了这两艘返航的德国潜艇。增援飞机还没到，机长本森便单机向潜艇发动了攻击。他用深水炸弹击沉了"U—564号"潜艇，"威特雷"式飞机也受到重创。"U—185号"潜艇载着"U—564号"潜艇的19名幸存者向布勒斯特驶去。

这种集群编队战术持续了两个星期，邓尼茨便感觉到得不偿失。他于6月17日又改变战术，命令潜艇白天成群浮出海面，停留的时间只能以充电所需的最短时间为限，也就是每24小时上浮4小时。

另外，德国改装了一艘潜艇，把潜艇上88毫米的甲板炮拆除，装上两座装甲炮台，炮台上装有两座4联装20毫米机关炮和1座单管37毫米半自动炮，组成了强大的对空攻击系统。这就是所谓的"诱杀飞机的潜艇"。

该艇载有67名乘员，超编16人，超编的人员中有一名艇医，两名侦察同盟国搜索潜艇手段的科学家和一些受过特别训练的炮手。邓尼茨给它的任务十分明确：一定要击落敌机。

盟国的一架"桑德兰"式飞机首先上了这艘潜艇的当。它发现潜艇后绕着潜艇盘旋，伺机攻击。

潜艇上的炮手们一点也不着急，引诱飞机靠近。正当潜艇准备发起攻击时，艇后部的炮手突然发现4联装20毫米机关炮的炮座受海水侵蚀生锈，转不动了。

飞机正是在这个时候猛然冲向缺少火力的潜艇，投下了深水炸弹。潜艇舵机被损坏，失去了平衡，摇摇晃晃地驶回布勒斯特。

受伤的"诱杀飞机的潜艇"经过修理后，准备执行第二次"诱杀飞机"任务。后主炮已修好，艇长冯·哈特曼完全相信他那艘威力强大的潜艇在战

斗中可以风光一下。如果他的炮手能击落三四架飞机，就可以给比斯开湾的盟军飞机一个下马威了。

7月8日，这艘特殊的潜艇又驶出了布勒斯特。它在海湾内徘徊了4个白天，但盟军飞行员似乎识破了它的真面目，没有再上它的当。

直至12日下午，英国空军第二四八中队的一个由3架"勇士"式战斗机组成的小队发现了它。本来这个小队是出来寻找活跃在这一区域的德国容克—88飞机的，但遇到潜艇又岂能放过。

于是，斯科菲尔德上尉带领他的小队向这个意外的目标冲去。出乎德国水兵的意料，这3架飞机并没有像其他反潜飞机那样投弹，而是用12门20毫米机关炮和18挺机关枪的联合火力对他们进行了快速俯冲扫射。

这时，如果冯·哈特曼采取下潜躲避的办法，或许还可以逃掉。但他太相信自己的火力了，根本没把这3架飞机放在眼里。他命令所有炮手就位，对准英机射击。于是，激烈的对射开始了。

波浪汹涌，潜艇剧烈地摇晃着，即便是神炮手在这种条件下也很难打得准。而飞机则在无线电指挥下，不停顿地从四面八方进行轮番攻击。

飞机在第二轮扫射中击中了潜艇的要害——指挥室和炮位，艇长和炮手应声倒下，另有10个水兵被打死，13人受伤。

斯科菲尔德拉起飞机盘旋到有利的观察位置，准备再次攻击。他看到潜艇的全部炮火停止了射击，便命令飞机降低高度，狠狠收拾这匹"海狼"。

在德国潜艇上，唯一没有受重伤的军官就是外科医生普法芬格尔。当"勇士"式飞机对失去作战能力的潜艇进行第三次扫射时，外科医生表现出惊人的冷静。

他指挥艇员将伤员收入舱内。虽然他并不能断定飞机有没有携带深水炸弹，但他知道没有别的选择，只能下潜。就是这个下潜命令拯救了这艘潜艇，使它安全返回了基地。

普法芬格尔因此被授予了最高军事勋章——"德意志十字勋章"。两次"诱杀飞机"得到的教训是明显的。邓尼茨在日记中写道：

这次行动充分证明，潜艇不是打飞机的理想武器。改装过的那艘德国潜艇重新恢复了以前的任务，但还保留着大部分对空武器。

此后，邓尼茨命令潜艇只能在没有选择的余地时，或在结队航行能够集中火力时，才可与飞机交战。

11月14日早晨，英国皇家空军第五〇〇海上巡逻中队中队长斯波茨伍德空军中校在地中海南部奥兰以北水域发现一艘德国潜艇。

驾驶这艘潜艇的德国艇长克瓦耶特·法斯勒姆是一位很难缠的对手，他曾在"沙思霍斯特号"战列巡洋舰上驾驶过水上飞机，有3年飞行经历，他对飞机的薄弱部位了如指掌，驾艇技术又非常高超。这一仗注定是一场恶战。

英军的飞机开始攻击了。首次攻击非常成功，深水炸弹的爆炸将潜艇抛

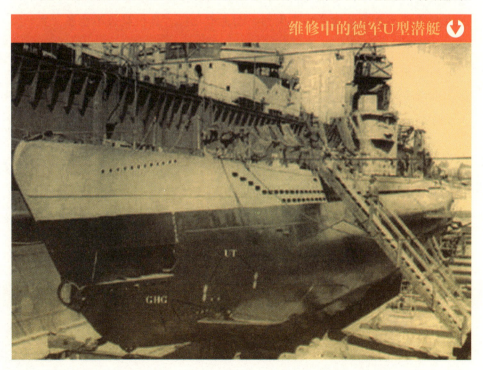

维修中的德军U型潜艇

出了水面，然后又落入一片水雾中。然而，潜艇却丝毫无损，因为德艇长在炸弹爆炸的瞬间以惊人的驾驶技术把潜艇易损的尾桨和舵机转向了安全方向。

艇长命令炮手就位，准备对空射击。艇长一边躲避英机的第二次攻击一边向炮手下达命令。当飞机又一次进入攻击阵位时，潜艇上的炮弹像长了眼睛一样直射飞机的油箱和副翼。油箱被击穿了，副翼也无法操纵，飞机无法做机动动作，不得不退出战斗。

斯波茨伍德用无线电招来了本中队的另外两架飞机。格林中尉的飞机首先进行攻击，飞机下滑到离水面约30米高度，紧靠潜艇艇首投下了深水炸弹。潜艇规避未及而受伤。

但艇上的火力仍然猛烈而准确地还击，致使飞机数处中弹，机身布满了被打穿的窟窿，炮塔被打坏，信号弹舱起火，格林被浓烟熏得睁不开眼睛，也不得不退出战斗。

这时又一架飞机赶来了，两机同时向潜艇攻击，德军潜艇艇长马上辨出了哪架飞机是主攻，命令集中火力射击主攻飞机。飞机又被击伤了，另一架飞机见势不妙，只得和受伤的飞机一块儿退出了战斗。

一个小时后，第五〇〇中队的恩索尔少校驾机赶到，他不顾猛烈的炮火，准确地投下了深水炸弹。潜艇由于受伤而无法规避这最后一击。艇长命令艇员破坏掉机要设备，将文件抛入海里，然后将潜艇搁浅在非洲北海岸。不久，美军俘虏了所有幸存者。

另一艘给予盟军飞机重创的德国潜艇是"U—615号"，艇长拉尔夫·卡比茨基上尉也曾经当过飞行员。这次他驾艇与9架飞机进行了厮杀，并取得击落一架、击伤两架的战绩。

战斗发生在委内瑞拉外海。1943年8月5日晚，从特立尼达基地起飞的美国一架"水手"式飞机攻击了"U—615号"潜艇，但未对其造成任何伤害，潜艇伺机逃跑了。另一架由马图斯基上尉驾驶的"水手"式飞机次日找到了它，并给其重创。

艇长卡比茨基正向司令部报告"潜艇受损，艇首露出水面，航速仅两

节，水平舵未坏，人员平安"时，潜艇又受到沉重的一击，电文中出现了"破损……破损……起火"等让司令部指挥官烦恼的词语。

但这第二次攻击也给飞机造成了严重的后果，卡比茨基的炮手击中飞机数处，打坏了机舵，使飞机坠入大海，无一人生还。

这时，潜艇已无法下潜，德国人处于束手就擒的境地，从四面八方赶来的飞机围住了潜艇。潜艇失去了机动能力，但仍用对空火力击伤一架"水手"式飞机。

潜艇艇员们在等待着夜幕的降临。然而，天刚黑，两架美国 B—18 轰炸机就前来攻击，还有一架"水手"式飞机用照明弹为其照明，但攻击并没有取得成功，潜艇又一次逃脱了。

午夜后不久，又两架飞机发现了受伤的潜艇，但艇长命令潜艇一动不动地停在海面上，伪装成已经被击毁的样子，因而逃过了劫难。直至天亮时，一艘美国海军驱逐舰出现在它面前，艇长才彻底失望。艇长命令艇员逃生，然后他与潜艇一起沉到了海底。

"U—450 号"潜艇的命运比"U—615 号"要幸运得多。1943 年 10 月底，伯梅海军中尉指挥着"U—450 号"潜艇由直布罗陀海峡向地中海航行，一架"威灵顿"式飞机发现了它。

当时，海面上没有月光，只有远处的灯塔有规律地闪着。就在这微弱的光线下，"威灵顿"发现了潜艇。驾驶员打开了探照灯，在周围一片浓雾之中隐约可见一艘潜艇。飞机立即俯冲下去，并开始射击，潜艇也猛烈还击。

飞机连中数弹，一侧被炸出一个拳头大小的洞，管道也在喷油……

飞机失去了战斗力，深水炸弹未能投下去，"U—450 号"潜艇安全驶入了地中海。受伤的"威灵顿"只得飞回直布罗陀。

自导鱼雷虽然可怕，总是在不知不觉中把潜艇送上西天，但并未给德国水兵造成心理恐慌，因为他们压根儿不知道这种武器的存在。然而，另一种更直接的反潜武器却令德国水兵们谈虎色变、闻风丧胆，这就是反潜火箭弹。

从 1942 年起，英国就一直在研制这种火箭弹。它重 66 磅，其中 25 磅为纯

钢半穿甲弹头。火箭射出后迅速加速，燃料烧尽时可接近声速。经过精心设计，弹头顶部能控制火箭弹。

入水后的水下弹道，使其向上弯曲。在距入水点约80米的距离上火箭弹靠穿甲能力杀伤目标，它能在潜艇的水线以下炸开一个洞。它的最理想的瞄准位置是距目标约200米的水面上。

1942年11月，"剑鱼"式和"赫德逊"式飞机对这种武器进行了试验。结果表明，火箭弹只要命中目标，无论命中何处都会造成致命的后果。因此，这种武器很快便投入生产了。

1943年春，这种火箭弹装备了部队，开始了它的战斗历程。

1943年5月23日，英国护航航空母舰"射手号"参加了战斗。舰上搭载的"剑鱼"式飞机均挂载了反潜火箭弹，每架飞机悬挂8枚。高频无线电测位装置发现了一艘跟随在护航运输队后面的不断发报的潜艇，并测定出其位置。

于是，两架飞机被派了出去。霍罗克斯海军中尉在前方约10千米处发现了目标，便驾机钻进云层以免被发现。当他估计已赶上潜艇，便向左转弯，飞出云层。此时，潜艇就在左舷2000米处。

霍罗克斯立即压低机头，把炮口对准了企图下潜逃窜的潜艇。在800米距离上，他发射了两枚火箭弹，但偏了150米，没有命中；400米距离上，他进行了第二次发射，可惜又差了30米；在300米距离上第三次发射，这次仅仅差了10米；这时飞机已冲至距潜艇200米的距离，中尉屏住呼吸进行了第四次发射，命中了潜艇尾部水线以上部位。

其实，这些火箭弹无需直接击中目标，只要左右不发生大的偏差，它们入水后便可以沿着弯曲的水下弹道击中目标。

霍罗克斯的第三次发射便至少有两枚达到了这样的效果，击中了"U—752号"潜艇的水柜，然后穿透耐压艇体，海水直灌军官会议室。

艇长施勒特尔海军上尉立即取消了下潜的命令，潜艇倾斜着浮至水面，漏出大量燃油。接着，第四次发射又命中其尾部。

德水兵们一窝蜂似的跑出指挥室奔向高射机关炮，以猛烈的炮火向飞机射

击。霍罗克斯的火箭弹已发射完，他撤到了德机关炮的有效射程外监视着它。

另一架"野猫"式飞机开始攻击，飞行员用机关炮对准潜艇进行了长时间的射击，打死了艇长施勒特尔和其他几个人。之后，群龙无首的德军全部被俘。

由于盟国成功地运用飞机进行反潜战，使德国的"海狼"不断地发出死亡前的哀鸣。

1943年，德国潜艇击沉商船不足1942年的一半，而自己却损失了245艘潜艇。进入1944年，德国潜艇战更是每况愈下。6月，盟国百万大军渡海登陆，重返欧洲，标志着德国以潜艇战切断盟国海上生命线的战略已告破产。

至1944年年终，摆在邓尼茨面前的是一份失败的记录：

一年中德国264艘潜艇葬身大海，仅仅换回击沉131艘商船的战果。

潜艇战的末日终于来临了。

潜艇大战的
最终赢家

　　1945年3月20日，英国空军第八十六中队的史密斯空军上尉及其机组驾驶一架"解放者"式飞机在奥克尼群岛附近水域巡逻。

　　雷达员报告，在3000米处发现一个可疑目标。史密斯飞向目标，但在距离半公里时，目标却消失在海浪之中。

　　天已暗了下来，飞机未带探照灯和照明弹，靠目视什么也看不清。飞行员又搜索了两遍，依然什么也没有发现。也许是块漂浮物或别的什么东西？飞行员充满疑虑，于是决定布设一组声呐浮标进行侦察。

　　飞机在一个3000米见方区域的正中和四个角各布设一个声呐浮标，每个浮标上都随带一个光标。终于，操纵手从第一个声呐浮标处清晰地听到了螺旋桨以每分钟114次的转速击水的声音，可以肯定下面有一艘潜艇。

　　他转动接收器，依次收听了每个声呐浮标。在操纵手缩小搜索范围的同时，雷达员也在一刹那间抓住了从通气管头部反射回来的一个回波信号。

　　正当史密斯准备攻击时，信号又消失了。但声呐浮标已指示了一个大概位置，而雷达最后发现目标的地点也在此范围内。因此，史密斯按此位置投下了两枚自导鱼雷。之后，史密斯拉起"解放者"式飞机，环绕着漂浮在海面上的光标进行观察。

　　施放鱼雷6分钟后，声呐浮标操纵手从监听耳机中听到一声很长的回响，然后除了海浪的声音外什么也听不到了。海面上，也看不到一点儿击沉潜艇的迹象。但是，德方的记录表明，"U—905号"潜艇正是在该水域该时间失踪的。

　　1945年5月7日，航空兵对一艘德国潜艇发动了最后一次攻击。

　　第二一〇中队的默里空军上尉及其机组驾驶一架"卡塔林纳"式飞机，用深水炸弹攻击了"U—320号"潜艇。接着布设了一圈声呐浮标，监听器中听到了引擎和机器发出的断续的嘈杂声，潜艇肯定已被击伤。5月9日，在西线取得和平的第一天，这艘潜艇及其全体艇员一起沉没了。

　　但邓尼茨困兽犹斗，把最后的赌注压在"瓦尔特"型新型潜艇上。可是，远水救不了近火，等到邓尼茨寄予厚望的具有"全新概念的潜艇"下水时，第三帝国大势已去，顽抗到底的德国潜艇舰队将220艘潜艇自沉大海。

　　历史上最艰苦卓绝的大规模反潜战役结束了。在这场战争中，德国损失潜艇727艘。英国和其他盟国虽然也遭受了巨大的损失，但他们依靠科学技术，依靠爱好和平的人们，最终赢得了潜艇大战的最后胜利。

被击毁的舰艇

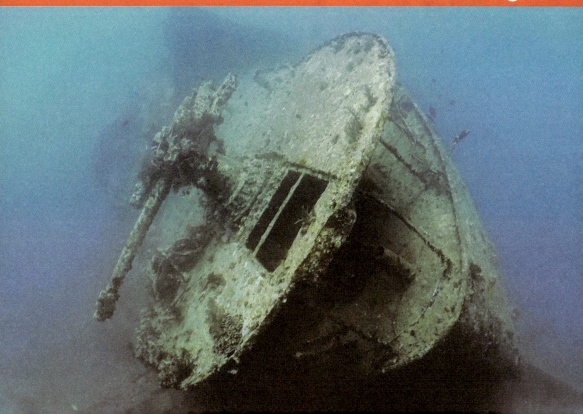

怒海翻腾

第 二 次 世 界 大 战 大 西 洋 战 事

海港生死较量

　　1940年4月9日，德军向中立国挪威发动了进攻。不久，德军舰队就占领了挪威的纳尔维克和其他5个重要港口。消息传到英国，内阁大为震惊，立即采取军事行动。5月24日，经过水上搏杀，盟军陆续夺回纳尔维克和一些港口。但为了保护英伦三岛，盟军部队在炸毁港口和铁路设施后随即撤退。

纳粹德国
大举入侵挪威

第二次世界大战初，挪威是中立国，但交战各国并不因此而忽视它的存在。

德国更是对其虎视眈眈，早有侵占的野心。其中的原因是不言而喻的：挪威位于北欧，对英法和德国都具有重要的战略意义。德国若控制了挪威，就打破了英法对德国海军的封锁，德国舰队进入北海和大西洋便可畅行无阻了。

一旦德国成功，英国海军将受控于德国，其本土也将受到严重威胁。一心称霸的德国当然不会放弃这块肥肉，它想方设法也要让挪威成为自己的囊中之物。

希特勒非常清楚，英法绝不会对挪威坐视不理。但他不想在海上与英法进行大规模的交战，因而决定采用陆军和航空兵联手的方法，让海军只负责登陆部队的运输和护航。

然而战争的局势很快地扭转了，完全不符合希特勒狂妄的个人意志。他不想打海战，但海战却偏偏咬住德国不放。于是，挪威海域在德军的淫威下变成了一片血与火的汪洋。

1940年3月1日，希特勒签发了入侵挪威和丹麦的作战命令，代号为"威悉河演习"。

在以此为主题的柏林军事会议上，希特勒亲自发给每个与会者一份密封的文件，上面规定进攻挪威的时间是"T"时，即4月9日5时15分。

从3月份开始，希特勒就大规模地调动集结部队，7个加强步兵师和1300架飞机已经进入临战状态。此外，还有234艘舰艇投入战斗，用以运送兵员登陆。

这一点有悖于希特勒的最初作战意图，但是他又不得不这样做。为掩护舰

艇出航，应付不测，德国海军还派出31艘潜艇，分8个战斗小组在海底游荡。

事实上，希特勒避免海战的意图，已经在战前备战中成为绝对的幻想。

德国人的"T"时虽然是高度机密，但他们战前的蠢蠢欲动却无论如何也不能做得神不知鬼不觉，英国政府对此早有察觉。德国的下一个目标是挪威，这是显而易见的。

挪威虽处中立，但慑于德军威势，他们多少有些倾向于德国。不过挪威政府并未完全丧失立场，在这场未卜胜负的战争中，它时刻保持着高度警觉。

英法两国一向看重自身利益，于是他们也挺身而出，表示愿意在挪威海域为其布雷，以阻止德军的大规模入侵。送上门的便宜，挪威政府当然不会拒绝。但是，拣了这样的便宜到底是幸运还是不幸，那就很难说了。

1940年4月初，英国皇家海军派出"野狼号"布雷舰和"萤火虫号"等4艘驱逐舰执行挪威海区的布雷任务。

8日上午，海上风急浪高，几乎所有的水兵都晕船呕吐。照说，这样的天气是不宜布雷的。但眼下形势紧张，德国舰队步步逼近，布雷舰不得不一反常规，冒险出征。

大约10时20分，担任护航任务的"萤火虫号"上一名水兵不慎落水。由于穿了救生衣，落水水兵没被大浪吞没，而在浪尖上抛上跌下。舰长鲁普马上命令减速、掉头，组织营救。

落水的水兵是被救上来了，但"萤火虫号"却因此而掉了队。随之而来的便是重重厄运。

11时7分，"萤火虫号"驱逐舰发现了德国驱逐舰。双方立即相互炮击。这时，紧随德国驱逐舰后侧的"希佩尔号"重巡洋舰前来增援，一发发炮弹飞向"萤火虫号"。

鲁普从望远镜中看到德国舰队正从侧后包抄过来，不由得热血直冲脑门。严峻的形势已容不得他有过多地考虑，唯一的办法只有先拿巡洋舰开刀。

"左满舵，全速迎上！"鲁普舰长作出了超乎常规的决策。德国人没料到这小小驱逐舰竟有如此的胆量和威势，便命令所有炮火对其攻击。"萤火

虫号"在烟幕掩护下左冲右突，凭着舰小易驶的优势以牙还牙。

然而，"萤火虫号"毕竟火力太弱，27分钟后，舰身已是伤痕累累。鲁普舰长自知大势已去，抱定必死决心，要与德舰拼个鱼死网破。

"冲上去！"一声令下，"萤火虫号"朝德舰全速撞去。德国人大吃一惊，赶紧避让，但为时已晚，小巧灵活的"萤火虫号"从侧面撞了上去。

只听"轰"的一声，"希佩尔号"被撞开一个裂口，海水喷涌而入，德舰上顿时乱成一片。然而"萤火虫号"也未能幸免，剧烈的撞击，致使其弹药舱起火爆炸，舰上官兵全部壮烈牺牲。

海上激战并未让希特勒放弃原计划的实施。4月8日晚，德国袖珍战列舰"吕措夫号"、重巡洋舰"布吕歇尔号"和巡洋舰"埃姆登号"等舰只，乘夜色分前后左右，掩护一支登陆输送队向挪威首都奥斯陆进发。

奥斯陆峡湾是挪威的大门，挪威海军派出船艇在峡湾巡逻执勤。德国人实在猖狂，一进峡湾，便横冲直撞，甚至还耀武扬威地开着探照灯晃来晃去。

一艘担任峡湾巡逻任务的挪威武装捕鲸船迎了上来。此时此刻，强烈的民族自尊心占据了舰长的心胸。他二话没说，以并不强劲的火力向侵犯领海的德舰发出抗议。

德国鱼雷艇却并不将其放在眼里，两枚鱼雷呼啸而出，并不坚固的捕鲸船旋即断裂沉没。

峡湾内的爆炸声惊动了港内的挪威潜艇"V—2号"，发现目标的"V—2号"潜艇立即发射鱼雷出击，却一个目标都未击中。这时，德战舰和重巡洋舰用一枚枚深水炸弹发动了反击，"V—2号"潜艇无路可逃，只得浮出水面缴械投降。

在港内执行保卫船坞的挪威布雷艇"奥拉夫号"和扫雷艇"劳马号"也向德舰发起反击。"奥拉夫号"在战斗中受重创，被迫退出战斗。

奥斯陆峡湾的战斗还在继续，而这却还只是整个战争的序曲。

德国海军
强行攻占奥斯陆

德国终于等到了那个企盼已久的时刻——"T"时，1940年4月9日5时15分。天刚亮，德军便从不同海域、不同港口向挪威发动了进攻。

奥斯卡堡要塞，位于奥斯陆峡湾最狭窄部分的南卡霍姆岛上，距挪威首都奥斯陆近在咫尺。此处水流湍急，地势险要，易守难攻，挪威军队有重兵把守。

整个防御体系以要塞为依托，用280毫米大炮和150毫米火炮交叉配置构成火力网。在要塞北侧的北卡霍姆岛上，挪威军队还布防了一个6发射管的鱼雷发射阵地。

晨曦微露，寂静的峡湾被阵阵隆隆的军舰引擎声惊醒了。德国海军的"布吕歇尔号""埃姆登号"和"吕措夫号"等组成了联合登陆舰队，进入要塞海面。挪威军队按兵不动，意在诱敌深入，杀它个措手不及。

挪威的沉默激起了德国人的狂妄自大。挪威军队连一点象征性的抵抗也没有，这太令德国人感到意外了。随即，这种惊讶就变为法西斯的狂喜，他们肆无忌惮地大步前进，前导舰"布吕歇尔号"率先向岸上做盲目射击，以镇住挪威军队。

挪威军依然不予理睬。德国人更是来劲，放松

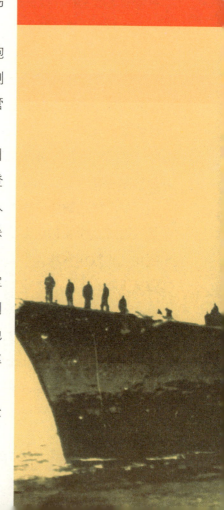

警惕大胆向峡湾挺进。这一次，德军可是吃了狂妄自大的亏。

德舰的放肆行径，挪威岸炮部队看得一清二楚。德舰一进入有效射击距离，280毫米火炮阵地便怒吼了。积蓄已久的仇恨伴着正义的炮弹，一股脑儿倾泻在海面上。

"布吕歇尔号"随即起火，浓烟呛得舱里的水兵直往甲板上窜。德舰一时慌了神，一面还击，一面向北卡霍姆岛靠拢。天赐良机，德舰正好钻进了挪威人布下的陷阱。

岛上的鱼雷发射阵地闪出3道白光，3枚鱼雷急速射击。两枚鱼雷击中"布吕歇尔号"，其中一枚击中弹药舱，致使峡湾海面的爆炸持续了27分钟。"布吕歇尔号"如一头被制伏的野兽，再也狂妄不起来。在滚滚浓烟

与布吕歇尔号同类型的德军"欧根亲王号"巡洋舰

中，它终于沉没了。

德军最初目中无人的狂妄已不复存在，"布吕歇尔号"的前车之鉴，让他们一下子聪明起来。在这陌生海域，特别是进退两难的峡湾，军舰强行突破岸炮封锁线，无疑要吃大亏。

于是，德舰改变战术：不再让军舰强行突破，而让运兵船就近靠岸，从陆路往奥斯陆进发。

登陆部队从两翼包抄过去，挪威人没料到德军会来这一手，守备力量薄弱的岸炮阵地很快就被突破。

至此，德舰真的是畅行无阻了，他们再度攻击峡湾成功，奥斯陆失陷！

里夫上校
乔装抢滩

当德军在奥斯陆峡湾逞强示威之时，德国海军第四大队在里夫海军上校指挥下，驶入挪威南海岸港口克里斯蒂安桑，德国人决定在这儿登陆。

克里斯蒂安桑港内侧海面宽广，但入口处却很险要。右侧是险恶的活动礁，涨潮时如一个个定时炸弹，一旦冒险闯入，后果将不堪设想。左侧与奥德略岛紧紧相依，是进入内港的唯一通道。

为控制入口，挪威军队在战略部署上很费了一番精力。岛上既有254毫米榴弹炮，又有304毫米和152毫米平射炮。德国人要强行闯入，也并非易事。

1940年4月9日清晨，克里斯蒂安桑港口被大雾遮了个严严实实。里夫上校不敢贸然入港，只好推迟了进攻时间。

上午8时许，大雾渐散，德舰"卡尔斯鲁厄号"率舰队试探着往港内突袭。守防的挪威炮兵一见雾气中有舰队闯关，便立即集中火力射击中，德军猝不及防，一艘驱逐舰还未开火，就被炮弹击中，爆炸沉没。另一艘运输舰也遭遇同样的命运，与舰上登陆部队一起葬身火海。

领头的轻巡洋舰"卡尔斯鲁厄号"倒是会见风使舵，一看不妙，便立即择路而逃。但还是晚了一步，一排榴弹炮打中舰身，甲板和舰舷都被炸坏。

里夫上校赶紧组织火力压制，才使其暂免一劫。但是就像所有恶人必有恶报一样，"卡尔斯鲁厄号"得到了其应有的下场。在它匆忙撤出战区，力图喘息之后卷土重来时，一艘英国潜水艇发现了这个垂死的恶魔，并立即向其发射了两枚鱼雷。舰上的人还未回过神来，军舰就断为两截。

德军指挥舱内，里夫上校掩饰不住内心的懊恼，一支接一支地吸烟，他

那张因恼怒而变形的脸，显得狰狞可怕。恰在此时，机要员送来截获的一份内容并不重要的电报，是法国海军发给挪威海军的。

火气正大的里夫上校接过电报一看，气得大吼起来："这样的情报有屁用，滚，给我滚得远远的！"

里夫并非无能之辈，平静下来的他清醒地认识到，要闯关，不能硬拼，只能智取。至于以何样的智，如何去取，他已经是胸有成竹。很快，机要员被召到指挥舱。

"你们是如何译出法军与挪威军队的电报内容的？"里夫上校问。

"上校先生，我们已掌握了他们的全部密码！"机要员不无骄傲地大声回答。

二战时的战舰

"那么，你马上发一份电报给克里斯蒂安桑海军基地，当然是以法国海军部的名义拍发，告诉他们，法军有一队驱逐舰正向该港增援，请他们的炮火注意鉴别。"

"是，上校，我马上去做。"机要员显然明白了上校的用意，说完便马上执行命令去了。

里夫上校的脸上再没有了懊恼，取而代之的是令人毛骨悚然的冷笑。

里夫上校的这一招的确毒辣，假电报使克里斯蒂安桑基地指挥官欣喜万分，马上命令岸炮部队注意掩护法军舰队。大雾散尽，港湾内晴空万里。

不久，5艘挂着法国旗帜的驱逐舰出现在入口处外侧。舰队编成战斗队形大摇大摆地驶进峡口，旁侧的德舰向其开炮，"法国舰队"也开炮还击。

"向德舰射击，掩护法国舰队进港！"基地指挥官发出命令。

在挪威炮弹的掩护下，"法军"舰队乘势而入。

岸上基地所有的人都受骗了，多数官兵涌向海滩，迎接远道而来的增援部队，甚至还准备了大量的犒劳食品。5艘挂法国旗的军舰徐徐靠岸。

挪威人做梦也没想到，来到他们面前的竟全是德军登陆部队。没等挪威人明白过来，数以千计的德军就冲上海岸，从背后抄了挪威炮兵的老底。

里夫海军上校一计得逞，便马上命令德军停泊在入口处的舰队迅速投入战斗，快速向内港突进。德舰一路上势如破竹，很快占领内港。基地的舰船和潜艇全部落入德军之手。

"大欧"战机
轰炸海港

1940年4月9日拂晓，挪威重镇卑尔根也遭到德军的侵袭。

这天清晨，朝阳半露，远方的海水橘红一片。急性子的德国海军少将未弄清港内情况，就下令突袭港口。

于是德军轻巡洋舰"科隆号"和"柯尼斯堡号"及火炮训练舰"牛虹号"便协同驱逐舰和鱼雷艇突入内港，隐蔽在内港一侧的挪威鱼雷艇突然冲出来，迅速对德舰发起鱼雷攻击。

枪打出头鸟，跑在最前面的一艘驱逐舰立即起火爆炸。德国巡洋舰旋即包抄过来，企图炮击挪威鱼雷艇。这时，挪威岸炮也开始射击。

不到10分钟，"柯尼斯堡号"和"牛虹号"先后受伤，数以百计的德国水兵和登陆兵死于非命。

德军轰炸机部队急忙前来助战。数十吨炸药倾泻下来，基地岸炮多数被毁。遭受打击的德军登陆部队这才赢得了喘息的机会，很快，他们冲上阵地，占据了整个卑尔根。

挪威与英国利益攸关，英国当然不会对其悲惨的遭遇置之不理。在距卑尔根100海里外的英国本土，舰队司令福布斯海军上将奉命增援卑尔根。

形势危急，为赢得时间，福布斯上将派莱顿海军中将率"曼彻斯特号""南安普顿号"和"谢菲尔德号"等5艘巡洋舰和7艘驱逐舰对卑尔根实施快速突袭。然而，这一消

息却被德军截获，德统帅部立即派出轰炸机进行拦截。

德机发现了在波涛汹涌的海面上全速向卑尔根冲击的英国联合舰队，立即进行阻击。

海空大战的结果是：英国一艘驱逐舰被击沉，两艘巡洋舰被炸伤；4架德军"容克尔"88式轰炸机被击落。双方都不走运。

英国统帅部传来卑尔根失守的消息后，莱顿中将只好放弃了对卑尔根的袭击。但英国人并未忘记复仇，英国航空母舰编队从奥克尼群岛派出15架"大欧"式俯冲轰炸机，袭击已被德军占领的卑尔根港。

大型巡洋舰"柯尼斯堡号"中弹爆炸，成了卑尔根战役的又一殉葬品。

卑尔根港一片混乱。德军还未来得及部署火力反击，英国轰炸机就已经消失。

德国战时容克飞机

纳尔维克的
生死较量

英德舰队激烈的拉锯战，在纳尔维克港掀起一阵血雨腥风。这是挪威海战中最为残酷的一次战役。

1940年4月9日晨，希特勒规定的"Ｔ"时，2000余名德国海军陆战队和山地步兵分乘10艘新式驱逐舰航渡登陆，向纳尔维克港进发。

奥弗特峡湾是进攻纳尔维克港的必经之路，德军舰队大兵压境，挪威海军四面出击，力量分散，远远抵挡不住德舰的进攻。纳尔维克港地势平坦，无险可守。挪威海军在此只部署了两艘岸防装甲舰、两艘护卫舰和两艘潜艇，纯粹是象征性的设防。

天刚亮，德军舰队就开进了奥弗特峡湾。对面开来两艘挪威护卫舰，但它们居然未做丝毫的反抗便退居一旁。这样的"明智之举"德军当然是求之不得的。

5分钟后，舰队遇到挪威岸防装甲舰"艾茨沃尔德号"的阻拦。德邦特海军准将进攻心切，一面令舰队继续全速开进，一面派联络官劝降。装甲舰拒不投降，并试图抵抗。但德驱逐舰先发制人，装甲舰因中鱼雷而爆炸沉没。

另一艘挪威装甲舰"诺格号"见此情景，立即开炮还击，击中两艘德国驱逐舰。当"诺格号"全速冲向另一艘德舰时，隐蔽在旁边的一艘德国驱逐舰发射了两枚鱼雷，装甲舰避让不及，中弹沉没。此后，两艘挪威潜艇潜入水底，溜之大吉。德军未再遇阻便攻克纳尔维克港。

柏林统帅部因这胜利而狂喜不已，希特勒通电嘉奖邦特准将及其舰队。之后，邦特在港内庆贺胜利。所谓"祸兮福之所倚"，邦特准将未免高兴得

太早了些。因为有一点他不该忘记——英国是绝不会袖手旁观的。这就注定了他非吃亏不可。

德军舰队占领纳尔维克和其他5个港口的消息传到英国，英国内阁大为震惊，立即采取了军事行动。在统兵人选上，英国很是费了一番工夫。

最后，担任纳尔维克海域布雷的任务便落在了沃伯顿·李海军上校的肩上，他指挥的是英国皇家海军第二驱逐大队。他本人以敢打硬仗而闻名。接到英海军部的命令后，他马上回电："吾拟于10日凌晨杀进纳尔维克。"

4月9日夜，正当邦特准将在纳尔维克港大礼堂举行庆贺酒会时，一支英国驱逐舰队悄悄开进了纳尔维克海区。不料黄昏时天气骤变，海上浓雾弥漫、风雪交加，能见度不到400米。

英国海军部电令舰队就近避风，等天气好转后再实行突袭，但沃伯顿·李上校却无心等待。他料定德军绝不会想到英军有此一举，便乘坐"勇敢号"驱逐舰一马当先，迎着滔天巨浪向预定港口进发。

凡事有利则有弊，这样恶劣的天气对于英国舰队来说，也是如此。风雪虽给前进带来了麻烦，但它也掩护了舰队的行踪。舰队一直驶到奥弗特湾，德军竟丝毫未觉。

"冲进去，先搅他个乱七八糟！"沃伯顿·李上校安排"霍特斯琅号"和"敌忾号"佯攻岸炮阵地，掩护另外3艘驱逐舰进港。

待德国人发现了"敌忾号"时，担任掩护任务的两艘军舰将计就计靠上前去，随即猛击岸炮阵地。德军刚刚占领的炮阵地顿时化为火海。

乘德军混乱之机，"勇敢号"等3艘驱逐舰悄悄摸进港区。出乎沃伯顿·李上校的意料，港内停泊的是5艘驱逐舰而非预知的1艘。这是邦特准将的聪明之处，他为防止突发事件，而特意在纳尔维克港放置了5艘驱逐舰。

事已至此，沃伯顿·李上校是只能进不能退。擒贼先擒王，上校一发现德军旗舰"威廉·海德坎姆号"驱逐舰，便马上下令发射鱼雷。

刚开完庆贺酒会回到旗舰上的邦特准将正奔到舰桥上观察敌情，刚巧"勇敢号"打来的一发120毫米炮弹落在"威廉·海德坎姆号"的舰桥上，邦

特准将还未来得及回味前次胜利的喜悦便当场毙命。"威廉·海德坎姆号"也身中数枚鱼雷,落得个葬身海底的下场。

德国舰队官兵见邦特准将阵亡,一时群龙无首,阵脚大乱。"猎人号"和"沃尔克号"不给德军丝毫喘息的机会,它们在海上左击右进,向德舰发射鱼雷和炮弹。德舰"勒德尔号"和"施米特号"相继葬身鱼腹。

午夜,撤出战斗的沃伯顿·李上校似乎余兴未尽,决定出其不备,再杀个回马枪。

德国人没有在战后组织有效的防守,因而当英国舰队突然反击时,他们只能束手就擒。

然而,德国人也并不愚蠢,面对第二次惨败,舰队副帅米尼急了眼,于是断然下令:"切断英军退路,确保在内港消灭!"

海上舰队

他的确精明，与之相比，沃伯顿·李上校就显得有些聪明反被聪明误，竟来了个第二次回马枪。这一次，是他上了德国人的当，同时也吃了自己的亏。

当他前无进路，后无退路之时，企图南进，从巴兰根峡湾撤出。但是德军早有防备，还未等英舰全部进入峡湾，暗处的两艘德驱逐舰便发起了攻击。"勇敢号"舰桥和舰首被德舰"蒂勒号"炮弹炸毁，在舰桥上观察敌情的沃伯顿·李上校阵亡。

首次纳尔维克海战，尽管互有伤亡，但毕竟是英国人占了便宜。当然，如果不是沃伯顿·李上校的固执，英国的这份便宜可能会来得更光荣些。

前次海战掀起的巨浪还未平息，又一

次海上厮杀拉开了帷幕。纳尔维克真的是多灾多难。

4月13日，英国增援舰队"厌战号"战列舰和9艘驱逐舰赶到纳尔维克海区。他们是专为复仇而来的。因为沃伯顿·李上校的牺牲对他们来说确实是不小的损失，而且有损英国人的军威。

此仇非报不可！不过德国人已变得小心多了。他们在奥弗特峡湾的入口处，派有"库纳号"和"克勒纳号"驱逐舰昼夜巡逻。英国舰要悄无声息地闯进内港已经是不可能的了。

但是英国舰队报仇心切！这天，纳尔维克海域细雨霏霏，英军舰队冒雨向战区开进。在峡湾入口处一侧，英国前卫舰"伊卡洛斯号"首先发现"库纳号"并向它开炮射击。"库纳号"受创后企图逃走，英军舰从两侧包抄过来。舰长自知无路可退，自凿沉没。

另一队英军舰径直往峡湾入口挺进。这时，另一艘德军驱逐舰"克勒纳号"一直隐蔽在一块岩石后面，企图出其不意地袭击进入峡湾的英军舰。

要想人不知，除非己莫为。"厌战号"战列舰上的一架水上飞机起飞，在"库纳号"沉没的海区转了一圈后飞进峡湾，尽管雨雾影响了视线，但飞行员还是发现了隐蔽在岩石后面的德舰。

水上飞机立即将情报传给英国舰队，使舰队幸免于难。按照飞行员引导的方位，英国驱逐舰连发5枚鱼雷，"厌战号"战列舰上的380毫米火炮也对准"克勒纳号"射击。准备偷袭的"克勒纳号"刚才在同伴遇难时坐视不理，一心想后发制人。不料偷鸡不成反蚀把米，刚做了几下反抗，便让英军打得千疮百孔。最后无路可走，舰长只好下令弃舰。

纳尔维克海峡入口处英、德双方激战，德军内港基地迅速派出由海军第四驱逐舰大队司令贝伊海军上校率领仅有的6艘驱逐舰前去增援。面对气势汹汹的德军舰队，英军不敢有丝毫的大意。

"厌战号"火炮射击距离远大于德军驱逐舰，所以，德军舰队尚未靠近，"厌战号"就对其进行猛烈的射击。

这时，英国水上飞机的飞行员把两枚燃烧弹从空中丢在德国驱逐舰上，

顿时，德军舰"阿尼姆号"上燃起冲天大火，侥幸未被烧死的船员纷纷跳海逃生。

这一次德军败得实在狼狈。战斗持续了一个半小时，贝伊海军上校见难以取胜，只得下令向唯一没有敌人拦截的伦巴克斯峡湾撤退。这一撤退方案也并不高明，因为全长9海里的峡湾是一条死胡同。

所以当贝伊上校发觉舰队走进死路之后，只好无可奈何地下令凿沉军舰逃生。

挪威的大海终于可以平静下来了，但是挪威海域带血的海浪在向世界怒吼：这个世界需要和平、正义和安宁！

怒海翻腾

第二次世界大战大西洋战事

大突袭别动队

　　1940年4月，挪威落入德军之手后，德国人迅速占领了挪威维莫克化工厂，这个化工厂有着制造原子弹的一切设备。为了摧毁维莫克化工厂，丘吉尔下令立即组建"燕子"行动队，向维莫克化工厂发动突然袭击。经过两年多的准备，"燕子"行动队队员历经千辛万苦，终于炸毁了德军的原子弹制造设备，顺利地完成了任务。

英国组建
"燕子" 别动队

1940年4月9日5时许，2000名躲在停泊于丹麦朗厄利尼附近运煤船里的德军突然冲上岸来。紧接着，德军主力部队通过莱斯威格-霍尔斯坦地区进入丹麦半岛，于黎明之前越过了边境线。

在德国的突然袭击下，丹麦很快失陷。与此同时，挪威也落入德军之手。当年5月，德国人占领了挪威维莫克化工厂，法国的重水供应被切断。德国人的用心昭然若揭。

美国和英国最高当局一下子面临两个危机：一是世界上最权威的原子科学家之一玻尔被德国控制；二是生产重水的挪威维莫克化工厂也为德军所占领。这是否意味着德国可能先于盟国制造出原子弹呢？罗斯福和丘吉尔对此忧心忡忡。

英国当时的外交大臣哈利法克斯勋爵不无忧虑地指出："这意味着希特勒决意将恫吓付诸实施。"

早在1939年，国际科学家们流传着，凯瑟·威廉研究所正在进行一项广泛的企图分裂原子的试验的消息，而希特勒在闪击欧洲之初就四处散播有关德国秘密武器的消息。

他多次声称："我们将使用一种别人不知道的而又能保护自己免受攻击的武器。"

英国的情报机构也认为，美、英、俄以及西欧物理学家的脑子里藏着原子弹的雏形。英国军界普遍的看法是，最有可能把部件组装成原子弹的国家是德国。对德国发现链式反应起决定性作用的奥托·哈恩认为，轰击原子核

是可能做到的，只是代价巨大。

1939年9月初，库尔特·迪博纳尔领导的德军陆军部已经把德国的裂变研究集中于他的管辖之下。库尔特·迪博纳尔请了一位名叫埃利希·巴奇的年轻理论物理学家和另外两位物理学家共同筹划召开了一个秘密会议，讨论一项武器工程的可行性。

9月16日和9月26日，德国科学家在柏林连续开了两次会议，讨论制造原子弹的可行性，并制订了所谓"从事利用核裂变实验的准备工作计划"。会议决定，由世界上最权威的原子科学家之一玻尔的得意门生维尔纳·海森堡主持理论研究工作，巴奇负责测量氚的撞击截面以确定重水使第一代中子减速的有效性，哈特克负责研究同位素的分离，其他人则分别进行实验以确定其他重要的核参数。同时，陆军部将把1937年建成的设备精良的威廉大帝物理研究所接管过来，并且拨出了足够的资金。

同年10月，英安全协调局列出了一份"德国一直在进行试验的武器"的清单，其中，从滑翔鱼雷、弹道火箭到"利用原子弹能作为高爆炸药"一应俱全，而原子武器被赫然列在第一位。

情报部门的首脑断定，希特勒在可能的情况下，将使用空中力量和"可能使用带有新的秘密炸药的炸弹"来摧毁英国。这绝非危言耸听，德国确实在加紧进行核武器的研制工作。

与此同时，大家都把注意力集中在玻尔和挪威的维莫克工厂。因为，重水是用于取得铀制作过程中控制原子核反应的理想减速剂。但当时盟国没有获得足够量的重水，而且提炼重水需要一年半时间，只好用石墨作代用品。

而英国的报告证实一个名叫汉斯·休斯的德国物理学家在小规模的试验中已成功地将重水用作控制原子核反应的减速剂。德国陆军部估计一座反应堆大约需要5000千克重水。1939年年初，挪威的维莫克化工厂是世界唯一的重水生产中心，而它的产量每月只有10千克。

英国安全协调局首脑斯蒂文森一直关注着德国的原子弹研究。1939年，他在一项有关法本财团的研究中发现，这家德国化学联合企业已悄悄地向挪

🔺 丹麦物理学家玻尔

威维莫克化工厂投资，条件是法本财团拥有无限期的专利购买权和化工厂的年产量增加10倍。

1939年12月，即在法本财团正式提这项重要要求的一个月之后，法国谍报机关派遣斯蒂文森的朋友——银行家雅克·阿利尔去了挪威维莫克化工厂，要求该厂为居里正在主持试验的一个原子反应堆提供重水。1940年2月，维莫克化工厂向巴黎供应了第一批重水。

随着1940年4月9日德国人占领维莫克化工厂，德国的原子弹计划开始启动。1941年9月，海森堡在莱比锡收到从维莫克化工厂运来的重水，立即进行试验。试验结果证明，原子弹的研究将取得成功！

海森堡对自己的结论感到吃惊和不安，他深知原子弹的巨大威力对战争中的德国意味着什么。于是，他利用到哥本哈根开会之机拜访了导师玻尔。他知道玻尔与盟国有联系。海森堡告诉玻尔，制造原子弹不仅是可能的，而且经过技术上的努力已经不难实现了。玻尔对此感到非常震惊。

为了进一步证实自己的结论，海森堡把一张德国正在研究建造的实验性重水反应堆的图纸交给了玻尔，并以这种方式间接地向盟国发出警告，告诉他们德国在核武器研究方面的进展已接近得到链式反应。海森堡的警告无疑

加速了盟国在研制原子弹方面的努力，同时也促使英国决心采取果断措施，拖住德国研究原子弹的步伐。

华盛顿也在关注着德国原子能研究的进展。领导美国原子弹研究计划的格罗夫斯将军也一直为德国会比自己先制造出一种核武器而担忧。因此，他坚持尽可能充分了解德国人在这方面的进展情况。他推测德国人对原子能非常感兴趣。这种推测从维莫克化工厂年产重水量从1400千克增加至4500千克以及运往柏林等事实中得到证实。于是，他通过美国陆军部将此事报告给艾森豪威尔，建议炸毁或破坏维莫克化工厂。

如何摧毁维莫克化工厂和破坏它的重水储存，这个问题成了英国战时内阁考虑的首要问题。英国人一直在寻找毁掉维莫克化工厂的时机。

斯蒂文森在德国占领前即考察过挪威的巴伦山，并且建立了一条从挪威维莫克化工厂到伦敦的逃跑线路。英国空军参谋部报告，由于这个化工厂四周为丛山所包围，使用现有飞机进行直接瞄准目标的轰炸是行不通的。

来自丹麦和挪威的消息越来越令人不安。玻尔说："每同德国科学家接触一次，都加深了这样的印象，即德国最高当局非常重视原子能的军事意义。"

当第一批常规炸弹落到伦敦时，英国陆军参谋部收到一份惊人的情报，说德国人又命令挪威维莫克化工厂增加重水产量，而且每月一次用轮船把重水运往德国。英国战时内阁知道，若德国人首先研制成原子弹，那么英国必然成为第一个受害者。因此，丘吉尔下令：立即向维莫克化工厂发动突击队袭击。负责特种作战的科林·宾格斯和安全协调局首脑斯蒂文森指挥这项行动。英国联合作战部尽管在此类行动方面颇有经验，但向挪威派遣特种突击队，去完成这样一个异常艰险的任务还是首次。斯堪的纳维亚山脉横贯挪威全境，每座山峰都充满着生死未卜的危险。

接近极地的斯堪的纳维亚半岛上空，气流变化莫测，使挪威成为欧洲一个最不利于用空降式滑翔部队发动进攻的国家。

作为攻击的重要准备工作之一：特种作战部根据情报，在多方协助下，制造出一座与真实的维莫克化工厂内重要设施、厂房位置及结构都相同的目

标模型。这样，"燕子"计划行动终于组织起来了。

斯蒂文森在加拿大多伦多附近一个叫做"小挪威"的地区，从一大批流亡的挪威地下特工人员中精心挑选了能胜任此次行动的3名特工。

化学博士利夫·多伦斯达德，挪威人，是按斯蒂文森建立的逃跑路线成功逃出的人员之一。在第二次世界大战爆发之前，他结识了很多德国籍原子核物理学家，并同他们交往密切。战争开始不久，挪威即被纳粹占领，他情愿与德国人共同在维莫克化工厂从事生产重水的实验，他熟悉维莫克化工厂的布局。

1941年年底，他在挪威地下组织的协助下几经周折来到伦敦，成为英特种作战司令部的成员，后来参加了破坏维莫克化工厂的行动。

挪威人艾因纳尔·史吉纳兰德被英特种部队总部召到伦敦。艾因纳尔身材魁梧，头脑冷静，遇事沉着，并且是个滑雪能手和神枪手，具有反法西斯的坚强决心和毅力，这一切对于他将要承担的任务至关重要。更为有利的是，他过去一直就住在维莫克化工厂附近，并且他的兄弟和几位好友在那里身居要职。

奥德·斯培海姆，挪威船主的儿子，在德军入侵后乘船逃到了苏格兰。经过斯蒂文森的专业培训，他又返回挪威，代号为"干酪"。他执行的第一个任务是报告德国海军的动向。在探明正待命开进大西洋的德国军舰"俾斯麦号"和"欧根亲王号"的位置之后，盖世太保的无线电监测人员也发现了他，将他包围在距克里斯蒂安森德国海军基地96千米的一个农户家里。幸好，在一个名叫索菲·洛维格的漂亮姑娘掩护下，两人扮做一对恋人坦然地走出党卫军的包围圈。脱险后，奥德长途跋涉到中立的瑞典，向斯蒂文森的朋友汇报了情况。

在此之后，他又一次被空投到挪威，负责把维莫克化工厂附近的一名游击队员艾因纳尔·史吉纳兰德带出来。

1942年3月10日，伦敦收到电报："已弄到一艘船，准备驶往苏格兰，请提供空中掩护。干酪。"此时，奥德正和艾因纳尔沿着一条大河顺流而

下。他们劫持了一艘近海轮船"加尔特松号"。

一周以后，在一架英国皇家空军轰炸机的掩护下，他们驾船驶往苏格兰东部港口阿伯丁，并随即前往伦敦的英军特种作战司令部。在特种部队总部，艾因纳尔同利夫·多伦斯达德博士见了面。利夫博士以一个学者的务实态度向他描绘了一幅令人绝望的图画。维莫克化工厂地势险要、结构复杂。

它是一座用钢筋混凝土浇灌的坚固的土层楼房，建筑在有300米深的一条峡谷边缘上，所有进出的通道和这座工厂本身都有经过特别挑选的德国兵守卫。而化工厂四周，则环绕着飞鸟不得过、猿猴愁攀援的悬崖绝壁。的确，

纳粹军队驱赶当地居民（模拟场景）

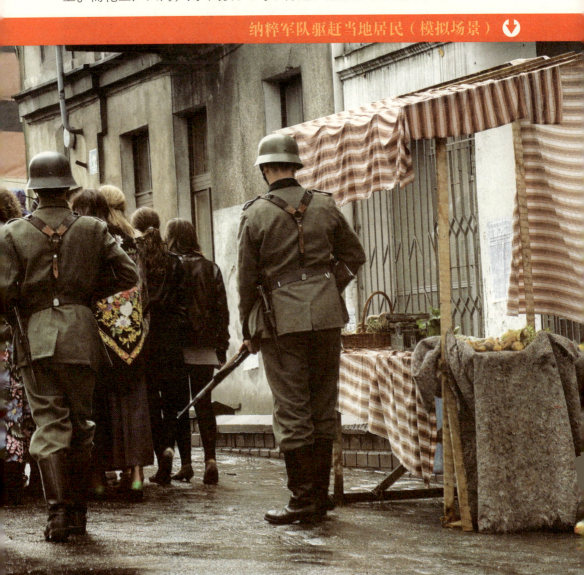

要想越过那峭壁和德国哨兵，炸毁这个化工厂很困难。

会面后，有人问艾因纳尔："你认为能破坏维莫克化工厂吗？"

他平淡地回答："我们当然愿意试它一试。"

之后，艾因纳尔在英国特种作战训练中心接受速成训练，用一个月的时间出色地掌握了必备技能。在一个月朗星稀的夜晚，艾因纳尔搭乘一架英国轰炸机，飞抵挪威上空，在距他家30千米处跳伞而下，然后滑雪神不知鬼不觉地返回家中。

他的任务是收集一切有关维莫克化工厂的情报，并发回伦敦，等突击队一到再联合行动。通过他兄弟的介绍，他在维莫克化工厂找到一个工作，主要是建造一个新的堤坝以增加重水的产量。他通过那些最可靠的朋友，大胆谨慎地开展工作，发展组织，建立了一个提供有关工厂的各种消息的"情报网"。这些消息立即发往伦敦的中央情报机构。

英军空降敌营
陷入困境

　　1942年9月，4人完成了空投前的一切准备工作。当时英国轰炸机曾两次载了4名"燕子"飞临挪威上空，准备跳伞，但都因云层太厚、能见度差而返航。

　　10月24日傍晚，突击队员在飞机起飞前几分钟内得到通知，立即登上飞机，经过几小时的飞行之后在夜色中跳伞降落了。4人差不多用了整整两天时间才把飞机投下的散落在各处雪地里的装备找齐。

　　此后的15天，队员们都是在海拔1300米的雪山上度过的。为了把装备搬运到预定地点，他们白天每人要搬运沉重的装备，而且要在同一条山间小路上往返3次。夜里只能冒着零度以下的严寒，在雪洞里睡一会儿。每人每天的配给口粮只是一小片干奶酪、一小撮磨碎的燕麦粉和4块饼干。

　　11月9日，心急如焚的英国特种作战部终于收到电报："燕子"们已在维莫克化工厂附近安排就绪，也已同艾因纳尔取得联系，并做好了用无线电和着陆信号作为标志来迎接滑翔部队送来的突击小组的准备工作。

　　同时，艾因纳尔在电报中说："德国人要运走储存的全部重水，看来其重量已能够满足柏林目前的需要。"情况严峻、时间紧迫。斯蒂文森决定使用两架滑翔机，由两架轰炸机牵引，袭击人员分为两组，每组16人。

　　11月19日，两架哈里法克斯轰炸机，每一架牵引着一架满载突击队员的滑翔飞机从苏格兰最北部的机场起飞了。但24小时之后，英国情报部门截获一份德国公告：

第二次世界大战时期的士兵（模拟场景）

昨天，两架英国轰炸机和滑翔机飞越挪威南部，被德国空军战斗机击落，敌方人员全部被歼灭。

第一架飞机由于导航设备发生故障而无法接收地面信号，只得靠地图推测飞行，结果飞入密云层，失去高度。到斯塔万格北部时，牵引索突然断裂，滑翔机在黑暗中迫降损毁，16名突击队员中有8名从残骸中爬了出来，4个在德军野战医院里身亡，另4人被处决。第二架滑翔机因牵引的轰炸机撞在山上而被迫着陆，14名幸存者全部被德军枪杀。

更坏的消息接踵而至。一名德国军事情报官员在搜查飞机残骸时，发现了一张地图，而且发现在重水工厂所在地维莫克上划了红线。于是德国驻挪威的总督约塞特·泰鲍温和部队司令官冯·法尔根霍斯特立即奔赴维莫克镇亲自视察防务。

纳粹党卫军在附近地区大肆搜捕，只要谁有一点点的嫌疑，立即予以逮捕，艾因纳尔只得出去暂避风头。好在他们没有抓到一个"燕子"突击队员。"燕子"们的食物所剩无几，无线电的电池也快用完了，但他们仍坚持在海拔1300米的山区里，每个人不是发烧就是胃疼。几千米外的艾因纳尔被盖世太保追捕得很紧，但每隔几天，他都在黄昏时离开伪装在雪地中的小茅屋，滑雪下山，去会见维莫克镇一带可靠的情报员。

"燕子"行动陷入困境。

别动队
机智勇敢立战功

在伦敦，陷于绝望的联合作战部只得一切从头开始计划。科林·宾格斯决定派出另一个袭击小组，他从挪威皇家陆军的志愿人员里选出一批队员并进行充分训练。他们破坏的主要目标是维莫克化工厂的18个不锈钢的高浓缩电池和重水罐。科林·宾格斯现在已经没有任何回旋的余地，他下令马上行动。

1943年2月16日，由6人组成的"枪手"突击队伞降到了距维莫克西北45千米一个结冰的湖面上。由于他们没有得到"燕子"的接应，只好先隐蔽起来，但很快食物和电池都用完了。他们失去了与山下艾因纳尔和伦敦的联系，于是，决定趁夜色冒险下山和艾因纳尔联系。

当6个人来到斯库利凯湖边时，天气骤变，下起了暴风雪。他们只好在一间小空屋中饥寒交迫地度过了5天。第六天，大雪终于停了。

6名队员强忍饥寒艰难地滑行。突然，两位滑雪者的身影跃入眼帘。"糟糕，德国巡逻兵。"大家立即做好射击准备。等来人滑到眼前，竟然是"燕子"队员，大家忘记了疲劳，激动得紧紧拥抱在一起。现在10名突击队员聚齐了，加上山下的艾因纳尔，共有11个挪威人在一起共同战斗了。重任就落在他们11人的肩上了。

不久，艾因纳尔传来一个鼓舞人心的情报说德国人根据某些理由认为上次的伞兵空袭不是针对维莫克化工厂，而是针对一座建在工厂附近的水坝的。因此，100多名新来的警卫大部分被部署在水坝上，只有12人被派到工厂来。此外，艾因纳尔还摸清了工厂里德军警卫的位置及换岗时间，每一扇大门的开启方法以及工厂附近的有关情况。

可是，要去袭击的人员要穿越好几千米长雪封的崎岖的森林区，往下爬300米进入峡谷，涉过急流险滩，再登上300米几乎是笔直的峭壁，才能到达通向工厂的铁路堤岸。峭壁上装有不少警报器，一不小心碰到，工厂里所有的探照灯便会立刻四下搜索。显然，突击队要闯的是龙潭虎穴。

2月27日，队长罗尼宣布了最后行动的命令："全体人员一律穿英军制服，分为两组：掩护组和爆破组。晚上20时准时出发。每人带两片氰化钾，任何人在可能被俘时都必须服毒，不能让德国人抓到一个俘虏。"

晚上20时，"燕子"悄然踏上了征程。他们带着敏感的爆破炸药，提心吊胆地徒步走过了积雪覆盖的森林，向下滑过多险的雪地来到峡谷的底部，又一步一滑地摸过横在冰块翻滚急流之上的"冰桥"，现在横在他们面前的是：一堵冰封的岩壁。过这关有三点难度：每人独立爬崖谨防炸药爆炸；一定不能碰到警报器；必须在两小时之内完成。

队员们小心翼翼，凭借精湛的冰雪技艺幸运地抵达峭壁的顶端。他们沿着铁路堤岸向前爬行，到距工厂以附近时，可以听见工厂机器的轰鸣声。大家调整了一下，到了换岗时间，罗尼悄声向大家明确了各自职责后，果断下令："开始行动！"

一个紧握一把切割螺栓用的大钢剪的队员径直奔向工厂大门，就听一声"咔嚓"的脆响，铁链和锁应声而落，队员鱼贯而入。5个人端着汤姆枪，占据了有利地势。一旦警报响起，他们就立即把冲出来的卫兵干掉。

由于多伦斯达德博士制作的目标模型和工厂的实际情况丝毫不差，罗尼率领的爆破组只花了不到3分钟就找到了安装电缆线的通道，它一直通向毗连浓缩铀部门的一个房间。在黑暗中罗尼与他的两个手下走散了，但他继续和另一个人沿着错综复杂的管道向前爬行。这时，在最重要部位——高浓缩车间的通道处，一个迷迷糊糊的警卫只觉得脖颈一凉便下意识地举起了双手。此刻，夜是那么静，行动正在慢慢铺展开来。

接着，罗尼迅速地巡视了储藏罐、管道、机器和高浓缩电池，并在爆炸能造成最大破坏之处放上炸药，一切都如他在英国训练时所做的一样。

正在这时，听到一声玻璃的破裂声，有个人踢碎了地下室的窗户，罗尼正要开枪，但及时认出来人是走散的助手。罗尼时刻都在担心的警报器一直没响，他检查了一下引爆雷管，用颤抖的双手点燃了导火索。

他告诉那名挪威籍卫兵快逃，自己则带着手下人飞奔至地下室门外约18米处，趴在一堵钢筋水泥墙的后面。几乎就在同时，他听到一声沉闷的爆炸声。在硕大的混凝土墙中这声音显得很低沉，但大家可以清楚地感觉到脚下的大地在颤动。顿时，警铃声响成了一片，酣睡中的德国兵乱作一团。不待他们从房子里挤出来，守株待兔的掩护组破门而入，一阵强火力扫射，12名德军甚至还来不及发出呻吟声，就统统命丧黄泉了。

而另一些德国警卫和挪威籍卫兵从梦中惊醒，慌慌张张地套上衣服拿上枪，一窝蜂地冲进通道。一时间，工厂的警报声、卫兵的警笛声、武器的碰撞声和卫兵的叫骂声不绝于耳，整个工厂像一个被捅了的马蜂窝乱成一片。趁乱，罗尼和他的队友们紧贴着通道的墙壁向外跑去，竟和冲进来的德国兵擦肩而过，消失得无影无踪。

11名突击队员花了几个月时间历经千辛万苦拉响的这一沉闷的爆炸声，终于令德国人耗费数年建成的重水实验室在几秒钟内陷入瘫痪状态，也最终让极其珍贵的重水从炸毁的水槽中流出，顺着工厂的污水沟流走了。几小时之后，德军驻挪威司令官冯·法尔根霍斯特气急败坏地来到维莫克镇。赶到工厂，在视察了爆炸的现场之后怒吼道："我一生中还没有见到过被破坏得如此彻底的现场。"

近乎发疯的将军一面咆哮，一面下令搜捕破坏者。随即，一个整师的德军开到维莫克镇，雪地巡逻兵和侦察机也对周围地区进行了严密搜索。所有通往工厂的公路及山间小道都被封锁，盖世太保对工厂周围方圆几十千米的居民住宅进行逐门逐户的搜查，可惜全都一无所获。

对工厂成功地进行了爆炸以后的几分钟内，"燕子"突击队中的5名队员按预定计划迅速地撤离了现场，换上了滑雪板，向瑞典方向疾驰而去。他们马不停蹄地滑了两天两夜，经过了常人难以克服的艰难路程，终于滑入瑞典国

境，然后安全地飞回了伦敦。另5名队员根据当地游击队的安排，分散到各地进行地下抵抗活动。他们同德国的巡逻队不断地玩着"你追我跑"的游戏。

艾因纳尔则隐居到山洞藏身处，根据伦敦联合作战司令部的要求，立即把炸掉生产重水关键设备的辉煌战果电告伦敦，尔后仍留在原地，继续监视维莫克化工厂的活动。

关于这一行动的报道简直大快人心。从奥斯陆传到斯德哥尔摩的新闻说："进攻的地方被彻底破坏，所有的设施都已无法使用。"以后从瑞典传来的消息更振奋人心，当地媒介纷纷声称，这是开战以来盟军特种部队立下的最惊险最重要的战功之一。

希特勒
原子弹的沉没

　　1943年年底，艾因纳尔发来的密报说：维莫克化工厂通过一年的修复又重新生产重水。一收到电报，伦敦立即派皇家空军进行空袭，美国第八航空师的飞机立即起飞轰炸了这家工厂的发电站，大家都试图炸掉它。但屡次猛烈的空袭都未产生多大的效果，而付出的代价却很高，牺牲了许多轰炸机飞行员和挪威平民。

炸毁的船只

　　在这以后，德国人决定把所有维莫克化工厂提炼重水的设备和储存重水，统统搬迁到德国的一个地下基地。

　　显然，不能让德国人转移重水的计划得逞。在这种情况下，丘吉尔又将信任的砝码放在了"燕子"上，因为他们卓越的表现足以担当此重任，没有人能代替他们。特种作战司令部再次担起了破坏并切断德国的重水供应的使命。

　　留守在挪威维莫克化工厂附近的艾因纳尔接到特种部的命令后就立即投入行动。他多渠道多层次调查打探，了解到有一批大数量的重水将于1944年2月从维莫克化工厂运往德国。

　　他立即电告伦敦，请求借此机会袭击德国的重水运输线，而不必再进行一次破坏工厂的尝试。他的请求很快得到伦敦的批准，艾因纳尔负责具体策划。于是，艾因纳尔与潜伏下来的一名叫本泽的"燕子"取得了联系，两人共同开始研究袭击方案。

第一，摸清这批重水的运输路线。共有5个转交点：维莫克化工厂、廷斯贾克湖边的铁路渡口、廷诺塞特、黑罗伊、德国。德国人先用火车把重水从维莫克化工厂运到廷斯贾克湖边的铁路渡口，从湖上轮渡到廷诺塞特，再从那里把重水分两批分别通过铁路和公路运到黑罗伊，尔后再继续装船运往德国。

第二，决定采用炸船方式并得到伦敦的正式批准。在他俩仔细研究了这条运输路线后发现，若以某一地点进行正面袭击，由于德国人派重兵严加把守，所以胜算不大。可是，运输线上的廷斯贾克湖却是他们施展拳脚的地方。该湖湖水很深，有的地方达到400米，若在此处将渡船炸沉，船上的重水便永远不能被打捞上来。

第三，为了防止万一，伦敦也进行了双保险的部署。特种作战司令部向挪威的另一个特工组布置了任务，一旦重水到达黑罗伊，便设法袭击装重水的货车；英国皇家空军也接到了命令，必要时在海上把载重水的轮船炸沉。

艾因纳尔又得到消息，柏林方面加强了保安措施。在维莫克镇有一个连的党卫军别动队；在空中有希莱姆特别飞行队的侦察机中队巡逻；在铁路、公路沿线有一支庞大的陆军纵队护送；而且有一支特别警卫队直接负责把重水从维莫克镇安全运达廷斯贾克湖边。

定好方案策略后，艾因纳尔和本泽进行炸船的准备工作。本泽利用伪造的证件，冒充维莫克化工厂的雇员，乘坐将装运重水的"海多罗号"渡船在廷斯贾克湖上走了一次。

"海多罗号"渡船是一艘用螺旋桨推动的老式轮船，开船后大约30分钟就进入深水区。因此，本泽决定渡船离岸45分钟后，用炸药把船炸穿。这样即使时间上稍有差错，船也能在深水区沉没。

为了使被炸穿的船无法继续行驶，他决定把炸药安放在船头，先让船头沉入水中，使螺旋桨和舵吊在半空中，船长就无法把船开回渡口了。同时，为了尽量减少对乘客和船工的伤亡，所使用的炸药不能把船炸得太厉害。因此，他决定使用8000克可塑性炸药，并做成3.5米长灌肠的形状，又把两只普通的闹钟改装成引爆装置。

1944年2月19日23时左右，重水正在廷斯贾克湖口装船，"海多罗号"上的水手正准备靠岸过夜，德国卫兵此时还未到达，船上只有挪威的守卫人员。

本泽和他的两位助手装作逃跑的样子闯入轮船，被一名守卫人员拦住，他们谎称有盖世太保正在追捕他们，请求帮助。守卫人员把他们送到底舱，让他们暂时躲避一下。

本泽随即带着一名助手沿着底舱向船头摸去，而另一名助手留下，以防他人进入。本泽和他的助手很快就把炸药和电动雷管安好，并调整好引爆装置的时间，随后便离开了渡船。

2月20日上午8时，装有重水的一列货车从维莫克镇出发了。10时整，"海多罗号"满载重水准时起航。10时45分，炸弹准时爆炸，仅仅5分钟的时间，德国最后一批珍贵的重水连同其设备一同沉入了挪威的廷斯贾克湖湖底。与它一同沉没的是希特勒想占有世界上第一枚原子弹的梦想。

怒海翻腾

第 二 次 世 界 大 战 大 西 洋 战 事

西西里登陆战

　　西西里岛登陆战，是第二次世界大战期间，美英盟军于1943年7月至8月在意大利西西里岛进行的一次大规模登陆作战。这次战役历时38天，歼灭德、意军16.5万人，达成了攻占西西里岛，保证同盟国地中海航线畅通，并以迫使墨索里尼下台、意大利投降的战役目的。

美英同盟国
集结西西里

1943年1月，随着局势的发展和战局的变化，美英等盟国把目光投向了西西里岛。

他们在该月举行的卡萨布兰卡会议上认为，目前可实施突击的地点有两个：一个是西西里岛，一个是撒丁岛。

在这两个岛中，撒丁岛的防守较弱，并可作为袭击意大利北部工业中心的轰炸机基地。但是，该岛缺少一个足以实施大规模两栖突击的港口。

而攻占西西里岛虽然困难很大，但可以更直接地威胁意大利，甚至迫使它退出战争；同时，攻占了西西里岛，可确保西西里海峡的安全，并使盟军消灭更多的轴心国军队。

丘吉尔及其参谋长们认为：

攻陷西西里将导致墨索里尼政府的倒台，并使意大利退出战争，从而为同盟国在地中海的下一步军事行动打开通路。

他们还希望，由此而给轴心国部队造成的打击可以促使土耳其放弃中立，加入对轴心国的作战。尽管美国军方人员对此不太热心，但他们也认为，在1944年能够登陆法国之前，欧洲战区的盟军部队不能无所事事而西西里显然是一个目标。

同盟国领导人一致认为，在轴心国的国土上建立一个立足点，必将大大提高同盟国的士气。因此，会议最终确定西西里岛作为攻击目标，作战代号

为"爱斯基摩人"。

战役目的是：

保证地中海海运安全；转移苏联战场的德军兵力；将意大利逐出战争。

盟军的参谋长们建议，首先进攻西西里，然后视情况发展再确定地中海的其他攻击目标。盟军参加这次登陆战役的兵力为第十五集团军群，司令为英国的亚历山大将军，下辖英国第八集团军，司令是蒙哥马利将军，美国第七集团军，司令是巴顿将军，总兵力47.8万人。

盟军海军司令为英国海军上将坎宁安，拥有各类战斗舰艇和登陆船只3200艘。空军由英国空军中将特德指挥，拥有作战飞机4000余架。盟军地中海战区总司令艾森豪威尔将军担任战役总指挥。

会议制订了登陆西西里的详尽计划。计划制订人员认为，战役的成功取决于三个必不可少的因素：制海权、制空权和快速夺取港口。

鉴于英国海军在地中海的优势，第一个因素不成问题。但是，能够得到岸基航空兵充分支援的唯一登陆地点，是在利卡塔和锡腊库扎之间的西西里东南角沿岸地区。

该地区仅有3个港口，无法满足攻占西西里岛的大批盟军部队对补给品的需要。因此，计划人员提出，首先攻占西西里岛上那些盟军战斗机能够实施空中掩护的登陆场，然后建立机场，扩大战斗机的掩护范围。几天之后，再在巴勒莫和卡塔尼亚的主要港口附近实施登陆。

这个计划遭到亚历山大和蒙哥马利的反对。他们认为，这样一来，轴心国的增援部队可能突破兵力分散的盟军部队。因此，他们要求在西西里岛上能得到盟军战斗机掩护的某一地区，实施一次单一的、大规模登陆突击。

至于后勤支援保障，海军计划人员认为，由于得到了大批新研制的坦克登陆舰和数百辆水陆两用载重汽车，进攻的陆军部队可以在现有的几个港口

的支援下，通过西西里岛东南面的海滩进行补给。

5月初，艾森豪威尔将军批准了这个新的大规模登陆突击的计划。西西里战役计划规定：

　　　进攻部队分编为东线英军和西线美军两支部队，分别在西西里岛南部和东南部海岸实施登陆。上岸后向北展开进攻，夺取全岛。

运载这两支地面部队的海军突击兵力是肯特·休伊特海军中将指挥的西部海军特混舰队和伯特伦·拉姆齐海军中将指挥的东部海军特混舰队。

休伊特将军的西部海军特混舰队搭载美军部队，分为3个编队，代号为J编队、D编队和C编队。其任务是在西西里东南部杰拉湾海岸长达60海里的正面上实施登陆，夺取包括利卡塔港、杰拉港和斯科利蒂渔村在内的登陆场。

拉姆齐将军的东部海军特混舰队搭载英军部队，分成4个编队，其任务是夺取西西里岛南部的帕基诺半岛和位于锡腊库扎海岸防御之外的诺托湾沿岸地域。整个登陆正面长达160千米，是第二次世界大战期间登陆正面最为宽大的一次登陆战。

参加最初登陆的部队达47万多人，其中美、英军各半。这是第二次世界大战中在登陆突击阶段投入兵力最多的一次，甚至超过了一年以后的诺曼底登陆。

美军搭乘580艘船只和登陆舰艇，携带1124艘登陆艇，从比塞大以西的北非各港口出发；英军则从东地中海和突尼斯出发，使用了181艘船只和登陆舰艇，以及715艘登陆艇。

此外，另有一支全部由英国舰艇组成的掩护部队，其中包括6艘战列舰、两艘舰队航空母舰、6艘轻型巡洋舰和24艘驱逐舰，由英国海军中将威利斯指挥。

它的任务是，掩护上述盟军的两支登陆部队，防止意大利舰队可能的袭击。登陆日定在1943年7月10日凌晨2时45分。

西西里岛 ↻

5月19日，亚历山大将军发布作战指令，将西西里战役划分为5个阶段：

1.海、空军采取初步措施摧毁轴心国的空军部队及其基地，以确保制海权和制空权。

2.在空降部队的援助下，于拂晓前实施两栖突击，确保包括海岸附近机场和利卡塔及锡腊库扎的港口在内的登陆场。

3.建立一个宽大的基地，据此夺取奥古斯塔、卡塔尼亚以及杰比尼机场。

4.占领上述地区。

5.攻陷该岛。

指令要求，英军将全力直抵墨西拿，并控制墨西拿海峡，从而切断轴心国的主要补给于线。与此同时，美军保护其翼侧并占领重要机场。一旦攻占墨西拿海峡，英、美两支军队即实施机动战，以便使轴心国军队在埃特纳火山以北或以西某地陷入困境，阻止其逃回意大利本土。

为达成战役突然性，使轴心国相信盟军的主攻目标是希腊，其次是撒丁岛，盟军采取了一系列欺骗措施，如散发假情报，将一具带着伪造作战文件的"威廉·马丁少校"的尸体投到西班牙海岸，这些文件很快落到德国特务手中。

德军最高统帅部看到文件后信以为真，误认为盟军将在撒丁岛或希腊登陆，遂将德军装甲师和鱼雷舰艇纷纷调往该地。此外，盟军登陆编队在航渡中不是从北非沿岸直接驶向登陆地域，而是绕过邦角转向南再向东行驶，造成进攻西西里以东某处的假象。

德意布防

地中海要塞

在德国军队内部，对1943年德国地中海战略问题存在两种不同意见。

以隆美尔为首的一派认为，意大利人毫无价值，同盟国一旦采取进一步行动，德军应该放弃撒丁岛、西西里岛、希腊大部，以及比萨－里米尼－线以南的所有意大利领土，将节省下来的兵力投入到苏联战场。

德军南线总司令凯瑟林元帅则持反对意见。他不愿将这一带的空军基地拱手让与盟军，因为这样一来，德国的工业区和罗马尼亚油田都将暴露于空中打击之下。他相信，意大利人将会为保卫祖国而战；只要有少量的德国部队及装备相助，意大利人就能御敌于国门之外。

希特勒倾向于凯瑟林的意见，决心不放弃巴尔干领土。他下令向巴尔干再派驻6个师，从而使那里的驻军总数达到13个师。他在撒丁岛重新组建了第九十师，在西西里重组了第十五装甲师，并向意大利南部派遣了"赫尔曼·戈林"装甲师和第十六装甲师。

为防范意大利投降，希特勒命令制订一项计划，必要时解除意大利军队武装，并占领意大利北部的比萨—里米尼一线。驻守西西里岛的轴心国部队为意大利第六集团军，司令是意大利古佐尼将军，辖8个海岸师、4个意大利机械化师和两个德国装甲师。同时，"赫尔曼·戈林"师于6月抵西西里，总兵力达27万人，包括战役开始后增援的两个德国师，可用于空中支援的飞机约600架。

实际上，德军派驻第六集团军的联络官森格尔·翁德·埃特林中将控制着德国师和古佐尼。此外，戈林也经常直接给他的师下达命令。

意大利海岸师装备落后，士气低下，轴心国统帅部不指望他们能抵御盟军的登陆。关键是那6个机动师的部署。凯瑟林认为，在盟军登陆部队建立登陆场之际，当地的后备队就应将其消灭在水线附近。森格尔·翁德·埃特林则认为守军在确定盟军的主攻方向后，同意大利后备队一道从中央阵地发起反攻，将其歼灭。

为此，埃特林命令，机动师沿直径240千米的西西里岛分散布防，盟军一登陆即对其发起反攻。盟军佯装对特拉帕尼进攻的欺骗计划，促使轴心国进一步分散兵力，将第十五装甲榴弹师调往该岛西端。担任西部防御的还有两个意大利机动师，另两个意大利机动师同"赫尔曼·戈林"师一道防守该岛东部。

在7月10日那天，德军在该岛的兵力只有约23000人，至战役结束前，德军投入西西里防御的总兵力达至60000人。

盟军用计
攻占西西里岛

一切准备就绪，盟军正式开始实施"爱斯基摩人"计划，即西西里登陆计划。

首先盟军对西西里岛的空军设施及其附近岛屿实施一系列打击，扫清外围。

班泰雷利亚岛是意军的飞机和鱼雷艇基地，位于突尼斯和西西里岛之间。盟军为了夺取这一前进基地，在进行了为期10天的轰炸之后，于1943年6月11日在该岛登陆成功，俘虏意军11000人，盟军仅损失40名飞行员，不到20架飞机。

两天以后，盟军又占领了附近的利诺萨小岛和兰皮奥内岛。至此，盟军控制了西西里海峡的所有岛屿，肃清了轴心国的前哨阵地。

从7月3日起，同盟国空军开始对西西里岛、撒丁岛和亚平宁半岛南部的机场、港口、潜水艇基地以及工业中心展开猛烈空袭，摧毁许多重要目标，迫使德、意军的远程航空兵将其基地撤至意大利北部。

墨西拿海峡的5艘火车渡轮也被击沉了4艘，西西里岛与意大利本土的联系更为困难。到开始登陆时，盟军在空中和海上均占有绝对优势。

7月9日，来自突尼斯、阿尔及利亚、埃及的盟军护航队分别抵达马耳他岛东面和西面的集结地区。但此时气候急剧恶化，海上刮起强劲的西北风。

不久，登陆艇便在汹涌的波浪中颠簸蹒跚起来，甚至大型运输舰的舰首也不时地隐没在汹涌波涛之中。恶劣的气候对于盟军的空降作战和两栖登陆极为不利。

天气预报表明，日落时风速将减低。

艾森豪威尔将军决定，仍按计划实施登陆。尽管航行异常困难，突击舰队仍保持基本队形，按预定时间接近指定海滩。

7月10日凌晨2时30分，盟军在英、美军登陆区各空降一个师，拉开西西里战役的帷幕。由于风速过大，导航系统不良，133架滑翔机中有47架坠入海中，大部分空降兵未能在指定地点着陆。按计划抵达目标区的少数空降兵迟滞了意军后备队向登陆滩头的进军，但未能阻止其行动。

与此同时，盟军两栖突击舰队顺利抵达预定登陆点。在空降兵登陆15分钟后，盟军在夜色和风暴的掩护下，以首批8个师的庞大兵力在160千米长的西西里海岸线上实施登陆。

蒙哥马利指挥英国第八集团军在锡腊库扎以南登陆，巴顿的美国第七集团军在杰拉湾登陆。面对盟军的突袭，德、意军猝不及防，海滩防线很快被摧毁。防守海岸的意大利师几乎未加抵抗便仓皇撤退。这样，防守的担子几乎全部落在德国师肩上。

驻守在离海岸32千米的卡尔塔吉罗内四周的"赫尔曼·戈林"师，于第二天早上匆匆赶到美军第一步兵师登陆点——杰拉湾，企图将其赶回大海。由于海滩拥挤，风浪过大，美军的坦克和大炮尚未起卸上岸。

结果，德军坦克从海滩上冲杀而下，摧毁了美军前哨，并冲到连接海滩的沙丘地带。在这紧急关头，盟军海军舰炮以猛烈而准确的炮火打退了德军的攻势。另一支德国纵队和一个"虎式"坦克连对美军第四十五师左翼的威胁性冲击也被打退。

英军的登陆突击较顺利，未受到任何反击。至11日晚，盟军即攻占了纵深5至15千米的两个登陆场，并开始向内陆进军。此刻，阻止岛上的27万轴心国部队逃往意大利本土，便成为取得这次战役全面胜利的关键。

西西里岛东北角的墨西拿，距意大利"脚趾"仅5000米，是德意军唯一的撤退通路。盟军必须赶在轴心国部队之前进抵墨西拿。

英第八集团军挥师北上，12日占领重要港口锡腊库扎和奥古斯塔。蒙哥

马利遂"决定以极大的努力，从伦蒂尼地区向卡塔尼亚平原突破"，并命令"在7月13日晚上发动一次主攻"。

首先要夺取的重要目标是离卡塔尼亚南边几千米的锡美托河上的普利马索莱桥。为此，英军派出了一个伞兵旅，但是同德军空投到战线后方的一支伞兵分遣队遭遇。

14日，德军占领桥梁。英军主力随后开到，与德军进行了3天激战，终于夺回了这座桥梁，并重新打开了通往卡塔尼亚平原的道路。至7月18日，盟军占领了该岛南部所有地区。

7月12日，盟军进攻西西里岛的第三天，德军南线总司令凯瑟林元帅乘飞机抵达该岛了解形势。他判断：意大利的抵抗已经土崩瓦解，在这种情况下，守住这个岛屿是不可能的。

希特勒获悉后，第二天便亲自接管了西西里岛的指挥权，并发布了一项命令。

命令中说：

在大批意军被消灭以后，只靠我们自己的部队把敌人赶下大海，力量是不够的。因此，我们的目的将是阻滞敌军的进展，并把敌军阻止在埃特纳山西侧使其前进不得。

为了展开阻滞行动，德军统帅部向西西里增援了大批部队和坦克、重炮、飞机，并将岛上大部兵力调往该岛东岸中部的卡塔尼亚城周围，抵抗英军的进攻。其后备部队布满直通96千米外的墨西拿的东海岸路线上，以掩护该岛通往墨西拿海峡东岸的道路。

7月17日，德军下达了下一步行动的指令：

我们不再期望能够守住西西里岛。但重要的是打一场拖延战，以便为稳定大陆的局势争取更多的时间。然而，最重要的

是，在任何情况下都不得使我们的三个德国师遭受损失。最低限度也要保存下我们宝贵的人员。

根据指令，德军又得到第二十九装甲榴弹师和休伯将军统辖下的第十四装甲军司令部的增援，其任务不是确保西西里防线，而仅仅是实施阻击战，并掩护轴心国部队安全撤退。

由于英第八集团军距墨西拿比美第七集团军近，因而轴心国派出了德军精锐部队在埃特纳地区牵制蒙哥马利部队，轴心国其他部队则纷纷向北面和东面后退，向墨西拿海峡撤去。

轴心国军队在卡塔尼亚南部平原加强防御，第八集团军的进军受阻。蒙哥马利被迫将其主力向西运动，兵分两路实施突击：第十三军直接进攻卡塔尼亚，第三十军从西侧绕过埃特纳火山进行迂回进攻。

按原计划，攻打墨西拿应由蒙哥马利指挥的第八集团军担任主攻，巴顿指挥的美军第七集团军掩护其翼侧，担任支援。但是，英军主力的西调，占据了美军翼侧前进路线。

巴顿遂向盟军地面作战总司令亚历山大请战，要求进攻西端的巴勒莫。获准后，巴顿立即率部向西西里中部猛进，同时在最左翼投入几支机动纵队，沿岛屿的西缘进攻。

7月22日，美军占领巴勒莫，西西里岛西部约45000名意大利军队投降。这一胜利大大挫伤意军的士气：他们只剩下墨西拿一个港口了。与此同时，英军在东、西两侧的攻击均已减弱，部队开始染上疟疾，战斗力下降。而美军攻占巴勒莫后很快于7月31日到达圣斯蒂法诺，主攻任务遂改由巴顿的第七集团军担任。

为堵死轴心国军队的退路，盟军决定于8月1日发动新的攻势，并从北非调来美军第九师和英军第七十八师，总兵力增至12个师。

8月1日，盟军对西西里东北部轴心国防线发动进攻，美军部队占领了该岛北岸的3个重要城镇。

8月5日，英军攻克卡塔尼亚。从8月7日至8月16日，盟军发动4次小规模两栖跃进，试图加速进展，拦截撤退的轴心国军队，但均因动作迟缓，未能收效。

8月17日，轴心国的撤退行动全部结束。在没有遭到盟军海、空军部队严重截击的情况下，越过墨西拿海峡撤往意大利本土的德军3个师官兵共计39600万人，意大利官兵62000人；携带装备有9800辆车辆、47辆坦克、135门火炮、2000多吨炸药、燃料和15000吨其他物资。

8月17日晨，美军第三师进入墨西拿海峡，第八集团军一部不久也进抵该城。当天，轴心国在该岛的残余兵力全部被歼。德、意军总计损失约160000人，其中德军12000人。盟军死、伤、失踪人数总计22000余人。

同盟国以损失不到5%的代价实现了"爱斯基摩人"战役的大部分目标，使同盟国在地中海的交通线安全完全得到保障。

盟军7月10日攻占西西里岛，7月19日来自北非和中东的美国第十九航空队的500余架轰炸机首次轰炸了罗马，投弹1000吨，炸死约2000人，城市古代建筑圣洛伦佐皇宫也遭巨大破坏。

鉴于意大利已经战败，意法西斯其他领导人提出一项议案，国王解除墨索里尼的职务。意大利新政府解散了法西斯党，宣布全国戒严，禁止一切政治集会，持续21年的意大利法西斯统治终于结束。

西西里登陆战役的胜利促使意大利法西斯分子墨索里尼垮台，极大地提高了同盟国在中立国家心目中的地位。然而，盟军未能充分利用制空权和制海权，行动迟缓，致使近半数的轴心国军队逃脱，这不能不说是一个遗憾。

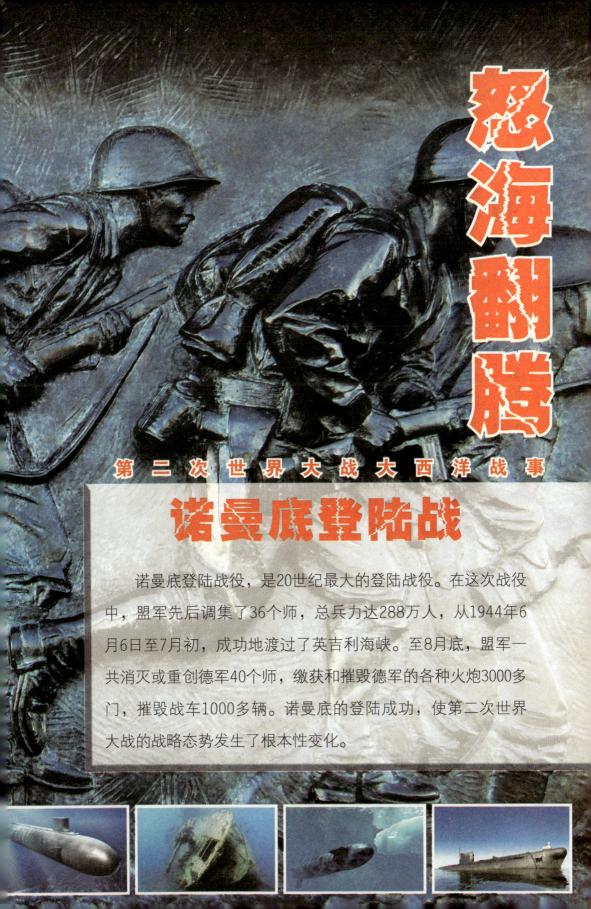

怒海翻腾

第二次世界大战大西洋战事

诺曼底登陆战

诺曼底登陆战役，是20世纪最大的登陆战役。在这次战役中，盟军先后调集了36个师，总兵力达288万人，从1944年6月6日至7月初，成功地渡过了英吉利海峡。至8月底，盟军一共消灭或重创德军40个师，缴获和摧毁德军的各种火炮3000多门，摧毁战车1000多辆。诺曼底的登陆成功，使第二次世界大战的战略态势发生了根本性变化。

盟军任命
最高司令官

1943年11月30日，在伊朗德黑兰会议上，美、苏、英三国领导罗斯福、斯大林、丘吉尔共同制订了减轻苏联压力在欧洲开辟第二战场的"霸王"战役计划。

12月初的一天，阿尔及尔，盟军地中海司令部，艾森豪威尔默默地坐在办公室中等候他的总司令从德黑兰归来。

他感到孤寂，常想发火。他那成立虽短但却屡战屡胜、人数虽少但却统辖陆海空三军的地中海战区司令部即将解散一事，使他心烦意乱。

所以，当他的妻子玛莉来信请他到商店买些东西时，艾森豪威尔勃然大怒，回信道："可能你难于理解，我不能像许多别的人那样有时间去商店闲逛。"

此行陪同总统期间，道听途说的一些消息，从金海军上将的口中得到证实：英国人同意交出"霸王"行动的指挥权；相应美国也将把地中海的指挥交给英国，以求英、美之间的平衡。金海军上将还告诉艾森豪威尔：

总统不顾他及其他一些人的劝告，初步决定把"霸王"行动的指挥权交给马歇尔。而马歇尔的陆军参谋长职务将由艾森豪威尔担任。

艾森豪威尔听此消息一点高兴不起来，他对于在五角大楼坐办公室的职务并不热心。

在12月初的一个晚上吃饭时，他自己的工作班子的一名成员问他们是否将跟他一起去华盛顿。他脸色阴沉，怒气冲冲地嚷道："没有必要。如果我不得不回华盛顿，那么反正在6个月之内，我就会被拉到阿灵顿公墓去的。"

其实，罗斯福此时对是否任命马歇尔为盟军最高统帅还没有最后决定。最初，在争取美国指挥"霸王"作战最高领导权时，陆军部长史汀生和霍普金斯就力荐马歇尔为最佳人选。

在魁北克会议上英国人也同意他担任此项职务。在德黑兰，丘吉尔和斯大林也都欢迎马歇尔担任盟军统帅。

丘吉尔虽然在讨论未来战争计划时，与马歇尔发生过不愉快的冲突，但他了解马歇尔忠于他自己的祖国，知道马歇尔在危难时刻也愿意为盟友作出牺牲。

丘吉尔记得，一年前，德军在中东势如破竹，攻克英国的主要据点图卜鲁克，苏伊士运河的控制权危在旦夕，所剩部队亟须补充军用物资。那时，美国刚参战不久，日本人在太平洋战场攻势正猛，美军也对装备望眼欲穿。

丘吉尔亲自前往华盛顿，请求罗斯福提供武器以解燃眉之急。总统把此事交给马歇尔，马歇尔没有二话，马上从调给第一装甲师的装备中，调出英军急需的100辆坦克。

英军靠这些坦克，保住了中东的最后据点埃及和连接印度洋、地中海的苏伊士运河。丘吉尔念念不忘此事。

斯大林赞成马歇尔出任的原因是，马歇尔是美国军方的领导人，是美国军事战略的制订者，是他最早提出横渡海峡、进攻欧陆；是他积极主张尽早开辟第二战场，并为之做出了不懈的努力。

罗斯福在史汀生等人苦口婆心劝他任命马歇尔时，也曾认为马歇尔是最好的人选。罗斯福在1943年9月20日写给潘兴的信中说：

我们准备让他指挥的是这次战争中规模最大的作战行动。我认为他将担负的乃是欧洲战场的全部指挥任务，而不仅仅关系到

　　某一地区。

　　再者，我认为如果不给乔治一个亲临前线统兵作战的机会，就太不公平了。

　　我所能作出的最好解释就是：我想让乔治成为第二次世界大战的潘兴——假如把他留在此地，他就无法做到这一点。

　　罗斯福深知，美国人民崇拜英雄，对战场上的指挥官念念不忘，国内南北战争时期的格兰特自不必说，甚至连杰克逊啦、谢尔曼啦谢里登啦等，连小学生都能讲出他们的事迹，但能记住这一时期谁是美国的参谋长的人，实在是寥寥无几。他不想让马歇尔的名字在50年后就湮没无闻，马歇尔，一位杰出的军事领导者，他有资格作为一位伟大将军名垂史册。

　　马歇尔本人很想亲自指挥这次横渡海峡的进攻，他已经63岁了，这是他走向前线的最后机会，并以此来结束他的事业。但是当这一消息从不同途径透露出去后，在美国却引起一场风波。

　　任命马歇尔担任盟军最高统帅一事遭到海军上将和阿诺德空军上将的强烈反对。他们似乎并非反对马歇尔本人，而是认为由他们参加，并由马歇尔领导的参谋长联席会议这个班子配合得很好，调走了马歇尔就等于拆散它。

　　国内报刊也掀起一阵风波，一些人认为这是对马歇尔的"明升暗降"，是"有人不想让他当参谋长"等。

　　特别赏识马歇尔的潘兴也受这股舆论的影响，在医院里特别写信给罗斯福说道：

　　马歇尔将军要前往英国指挥作战的报道不断见诸报端，使我深感不安，我非常希望这些报道是凭空杜撰。

　　我深信，倘若调马歇尔将军充任他职，将是一件根本性的、非常严重的军事方略的失误。

　　这些意见都没有动摇罗斯福要任命马歇尔的决心，他给潘兴去信说明他的打算，并设法说服其他将领们。

　　与此同时，马歇尔也做好就任盟军统帅的准备，甚至连在参谋长办公室的办公桌都准备运往伦敦了。他的夫人已经悄悄地把家具从迈尔堡的参谋长公馆内搬到了弗吉尼亚。

　　1943年11月初，丘吉尔来电，要英国人在地中海地区行动的指挥权。丘吉尔在发给英国驻华盛顿的军事代表迪尔元帅的电报中说：

　　　　我是绝对不能同意由一名美国总司令同时指挥"霸王"战役和地中海战役的建议，这种安排不符合伟大盟国之间必须保持平等地位的原则。

　　丘吉尔的问题使罗斯福棘手，也使他任命马歇尔的决心发生了动摇，直

艾森豪威尔将军（雕像）

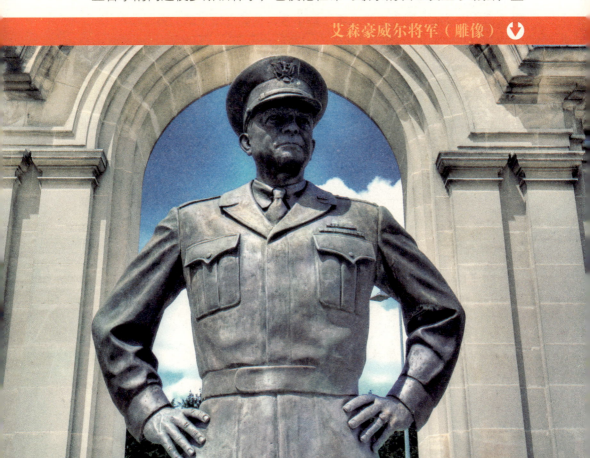

至德黑兰会议期间也没有定下来。

12月初，罗斯福与丘吉尔等人从德黑兰重返开罗，继续开会磋商。在这期间，罗斯福对许多问题进行了反反复复的考虑，表面上，虽然只有一次提到"霸王"行动由谁指挥的问题，实际上这个问题花费他的心思最多。

罗斯福考虑到，如任命马歇尔出任盟军最高统帅，则他这个"最高统帅"只能管"霸王"战役，而管不了南欧及地中海战场。而原来的打算是让马歇尔拥有指挥欧洲战场全部盟军的全权，而且这个消息已经透露出去了。

现在跳出个丘吉尔，从中反对，剥夺了盟军统帅的一部分权力，在此种情况下，再任命马歇尔，国内舆论中的"明升暗降"又会大行其道，就是潘兴将军那也交代不过去。再想到马歇尔如去欧洲上任，国内的参谋长得让艾森豪威尔代理。艾森豪威尔在地中海仗打得是不错，毕竟还经验不足，回国内就要和那些政客和议员打交道，他肯定处理得不如马歇尔好。

再有，代理参谋长不仅要注视欧洲战事的进展，也要研究太平洋战场的情况，艾森豪威尔对太平洋战场了解不多，他能提出正确的方法吗？

此时，罗斯福总统开始意识到，他似乎离不开马歇尔。从战争开始爆发以来，马歇尔全身心地投入到战略决策的制订以及具体计划的实施之中。假如没有马歇尔对国会和各个委员会施加他那不可思议的影响，华盛顿这一摊子将变得不可收拾。假如没有马歇尔这样冷静、沉着、坚定不移的中流砥柱坐镇华盛顿，一旦出现突如其来的军事危机，整个战争局面就难以预料了，所以不能让他走。

但转念间，罗斯福又想到马歇尔为国家、为世界作出了这样大的贡献，自己毫无所图，授勋不要，元帅不当，其最大的心愿就是想亲自指挥自己一手组织制订的这场世纪之战，以使自己的军事生涯功德圆满、无所缺憾。

作为总统，不能剥夺马歇尔攀上事业顶峰，名垂史册的最后机会。思来想去，罗斯福只得出奇招冒把险了。后人评论道：

在美国的军事政治历史上，还从来没有一个总统敢做这样的

冒险。这绝好地显示了罗斯福政客和总统集于一身的高超手腕。

罗斯福的这一招是请马歇尔到自己的住处，"最后确定"最高统帅的人选。12月5日午饭前后，在埃及首都开罗米纳饭店。

"罗斯福先生兜了好半天圈子，"马歇尔回忆道，"然后才问我究竟愿意怎么办。显然这事是让我来决定了。"

马歇尔说："希望总统依照最符合国家利益、最合他心意的方式处理这件事，千万不要把我个人的愿望考虑在内。不管总统让我做什么，我都会高高兴兴去做。"

马歇尔没为自己的要求开口说一个字。结果，罗斯福松了一口气，说："唉，要是你不在华盛顿，我连觉都睡不安稳。"

马歇尔不像其他人，战后他谢绝了重金邀其写回忆录的种种请求，他当时的心情只能从当时人们看到的行动去判断了。

马歇尔默默地忍受了。

12月7日上午，他拟好给斯大林的电报，拿给总统签字后发走。电文如下：已决定立即委任艾森豪威尔将军指挥"霸王"行动。

电报发出后，马歇尔取回底稿，用铅笔在上面给新任盟军最高统帅写了几句话：

开罗，1943年12月7日。

亲爱的艾森豪威尔，我想你可能愿意把它留作纪念。这是我在昨天最后一次会议结束后匆匆写就的，总统随即签了字。

马歇尔

果然，艾森豪威尔把这张纸条像宝贝一样保存下来，1948年就公诸在他那洋洋洒洒的《远征欧陆》中。

马歇尔在做完这些他应尽的责任之后，才静静地表露了一下自己的情

绪。他没有向总统打招呼，带上自己两个亲密助手，不辞而别。

几个小时之后，总统几次要见马歇尔，都被底下的人借故搪塞掉了，最后他才知道，参谋长已取道锡兰、澳大利亚，经太平洋回国了。

对于马歇尔的突然离去，总统未置一词，马歇尔本人也没有作解释。与之同行的亲密助手之一麦卡锡上校后来说，在飞机上参谋长也根本没有提及这件事。不过，麦卡锡还是觉察到了上司那种深深地、难以排解的惆怅，并从他突然决定环球飞行这一点上，猜到了他当时是多么苦恼。

罗斯福和马歇尔谈完话后如释重负。见到丘吉尔，告诉他已决定任命艾森豪威尔时，丘吉尔口叼雪茄点头表示同意。那天晚上20时10分，他们在最后报告上签了字。庞大的进攻欧陆战役终于有了司令官，这一切均在斯大林所要求的一周解决了。

艾森豪威尔在烦闷中收到消息，说总统12月7日将取道突尼斯回国，他便急速从阿尔及尔飞赴突尼斯迎接总统。

下午三四点钟，总统专机徐徐降落，还没等把总统搀扶进等候的汽车中，罗斯福便迫不及待地对艾森豪威尔说："嗯，艾克，'霸王'行动将由你指挥。"

名将云集
英吉利海峡

　　宽敞的Ｃ—54飞机载着艾森豪威尔越过大西洋，他依靠着宽大的坐椅，向下扫视着梦境般蓝色的百慕大、绿色的亚速尔群岛。

　　艾森豪威尔一扫过去的烦闷，心情格外兴奋，整个旅程也显得很短。当飞机到达苏格兰的普雷斯特韦奇时，浓雾笼罩整个英格兰，无法直飞伦敦了。

　　下了飞机后，有一列专车在等候他，专列中有一节叫"刺刀"的车厢是专为他准备的。他以赞赏的目光打量着这节属于他的车厢：宽敞明亮的办公室，沿壁摆着几把华丽名贵的木靠椅、沙发、宽大的写字台、几台电话机。各种设备，一应俱全。

　　片刻后，列车悄悄启动南行。伦敦车站到了。在大雾中，艾森豪威尔登上他的一位助手开来的一辆汽车，直奔伦敦的五月市。他的住所就设在贝克利广场附近，他的司令部则在格罗夫纳广场的一座老式大楼里，两者相距仅几分钟的路程。

　　1942年6月，艾森豪威尔作为美国军事视察团的一员曾来过伦敦，住过10天。那次发现司令部的所属部门设在市中心并不有利。此行上任，他想把他的打算付诸实践。他希望在这里耽搁不要超过10天，他决心把他的盟国远征军最高统帅部移到乡间的苏塞克斯去。不过，暂时还得在这里待下去，战时的伦敦想找一处适合的地方作为自己的司令部也并不容易。

　　艾森豪威尔这个"在战场上连一个营都没指挥过的人"，现在要指挥几百万大军纵横沙场了。他的任务是：

怒海翻腾

进入欧洲大陆，与其他盟国共同作战，直捣德国心脏。

　　为达成此项艰巨任务必须有相应的精干班子。丘吉尔已下决心在英吉利海峡一搏，他把久经战火考验的著名将领送到统帅部任职，美国方面的人选，马歇尔让其自由挑选，出类拔萃之人一时都齐集他的麾下。

　　艾森豪威尔作为统帅经北非战役现在已成熟多了。他穿着在北非战役期间赶制出来的"艾森豪威尔"夹克，上缀4枚将星，想把好运保持到"霸王"行动中。

　　他具有外交家的风度，能把对英国人种种不满的愤怒情绪深深压在心底，而不露出一丝痕迹，所以大家看他总是在微笑，显得和蔼可亲。

　　就因为这些，英国人在卡萨布兰卡把他捧上了天，这种出类拔萃的外交

❤ 从左至右依次为：丘吉尔、艾森豪威尔和戴高乐（蜡像）

才能现在大派用场了。论运筹帷幄、谋划全局，他比马歇尔差了不止一个层次，但作为美国战略的规划者，经多年磨炼，也锻炼出善于思索的第一流头脑，能把整个庞大的战争系统安排得井井有条，能使陆、海、空三个兵种同步运作。

副司令马绍尔·阿瑟·特德原为英国皇家空军部长，在地中海战区时也在艾森豪威尔手下，任空军司令。他不仅是一个战略家和空军指挥员，在军事上有一套；在人事上也有过硬的本领，能处理好盟军各部队和各军兵种之间的关系，此次官升一级又和艾森豪威尔搭档了。

参谋长是沃尔特·比德尔·史密斯。作为艾森豪威尔的私人助手和管家，他不仅要为统帅出谋划策，组织好司令部的工作，甚至有时还要出任"打手"，能够毫不留情地把一个不能胜任工作的多年老朋友解职。个人在战场上的英雄行为并不是谋取这个职位的重要条件，不过这个职位也需要相同的气概。战场上的胆小鬼并不妨碍他成为一名好参谋长。

当年，在西西里战场上，巴顿将军迷惑不解地发现，作为战区参谋长的史密斯颤抖地龟缩在一条壕沟里，原来这是美军的一个155毫米炮兵连在开炮；而史密斯误认为是德国人的炮火打过来了，他急忙跳进一个沟里去保命，直至人们告诉他没有危险他才爬出来。

巴顿蛮有趣味地回忆道："当我回来时，他仍旧脸色苍白，浑身发抖。"

卡萨布兰卡会议后任命的最高统帅联合参谋部的参谋长弗雷德里克·摩根将军此次出任副参谋长。他是英国人，是一个很有能力的人。当年在没有最高统帅的情况下，他在伦敦盟军司令部诺福克大厦一间空房间开始了拟定"霸王"行动工作。

他回忆说，那时"办公室的设备只有我们在那个房间里找到的几张桌子和椅子。我们还有幸发现了几张纸和某人掉在地板上的一支铅笔"。几个月后，他交出了像模像样的"考沙克"计划。

美国人对他评价很高，认为他是亲美派。在联合参谋部工作的一位美方副参谋长雷·巴克回忆道：在他们刚开始合作时，还有这样一个小仪式，即

巴克和摩根各自从自己穿的军衣上取下一枚纽扣，互相交换钉在对方的制服上——这是双方亲密友好的象征。

事实也正是这样。在那座佐治亚式的诺福克大厦，每天早晨英国人、加拿大人和美国人进进出出，络绎不绝，他们之中包括传令兵、办事员、打字员、制图员、参谋。尽管各自军服上的领章有的是"U·S"符号，有的是"王冠"符号，但在外表上都没有什么不同，而唯一的不同是他们在工作时间上的细微差别。

海军司令是拉姆齐。他是英国远征军敦刻尔克战略大撤退的组织者，这次撤退被后人描绘为"在紧急情况的重压下，一次无与伦比的海军组织工作的伟绩"。

丘吉尔对之也倍加称赞："如此艰难的任务所需要的充沛精力和深谋远虑以及冒着失败的危险完成这项任务所需要的勇气，使你能充分地显示出你的才华。"

出任海军司令后，拉姆齐以惊人的智力、标准的判断、迅速地下决心的能力和沉着冷静的性格为"霸王"行动中的登陆作战奠定了胜利基础。不但如此，他还异常精通联合作战，善于协调盟军各国的海军人员以及他们与陆军，空军人员之间的合作。

但遗憾的是，他没能活到亲眼目睹他以巨大热情所献身事业取得巨大成功的时刻，1945年1月2日，他因飞机失事而遇难。

盟国远征军的空军司令是英国的利·马洛里。他也是久经战争考验的著名战将，在不列颠空战中，为保卫英伦三岛，他指挥皇家空军与不可一世的德国空军进行了一个多月的浴血奋斗，终于取得空战的彻底胜利。1942年11月开始任战斗机航空兵司令。在"霸王"行动中，盟国空军把飞机的使用提高到一个新的层次，每日出动飞机10000架次以上。

1941年8月，希特勒空军司令戈林曾讥笑说："底特律兵工厂能造汽车和冰箱，但造不了飞机。"

但至1944年6月初，"霸王"行动总攻时刻，美国哥伦比亚广播公司的

战地记者穆罗在诺曼底前线听到盟军轰炸机群、战斗机群的隆隆声，他说"这是天空中的一座大工厂的声音。"

盟军的机群似乎把黎明的英吉利海峡遮挡得严严实实。盟军的空军在诺曼底发挥了威力，诺曼底及法国的南北部的山野和村庄领教了那些从天而降的铁块所造成的颤动。

诺曼底一户农民曾追忆道：

> 在盟军登陆的前夜，她的猫突然抓起它的小猫仔，逃到地下室去了。然后，盟军的飞机就呼啸而来，炸弹开始纷纷落下来。

在利·马洛里等人的领导下，盟国军队统帅部对飞机的运用得心应手、出神入化，达到陆空一体之程度。

在盟军从诺曼底登陆日过去几个星期后，防守诺曼底的德军元帅隆美尔曾垂头丧气地对其刚16岁的儿子说过：

> 无论怎样勇敢都无济于事，这是一次可怕的大流血。我们现在打的每一枪都在伤害我们自己，因为对方会以百倍的火力还击。

说完这些话没过几天，他自己就被盟军飞机击中，永远退出了战场。

盟军没有专职陆军司令，在艾森豪威尔的指挥部迁到法国之前，蒙哥马利负责协调所有地面部队的作战行动。

蒙哥马利，第二次世界大战著名战将之一。他是英国著名的军事家，也是位极有个性的人物，普通战士崇拜他，年轻军官赞扬他。

有一军官曾这样描绘他对蒙哥马利的印象：

> 他非常潇洒，从头到脚每一英寸都充满军人气概，虽然他没

有多少英寸——他个子不高。

身穿一套缝制合身的野战服，勋章闪闪发光，头戴著名的黑色贝雷帽。在北非战场上，他领导着英国第八军团在去突尼斯的一路上，战功显赫；在碧血黄沙的阿拉曼战役中，把"沙漠之狐"隆美尔赶得无藏身之地。

一连串的战绩，使蒙哥马利在英国人的心目中成为活着的传奇性人物、"常胜将军"，也博得大西洋彼岸美国人的赞扬。

蒙哥马利的敌手也对之投以敬佩的目光。德国陆军西线总司令，陆军元帅格尔德·冯·龙德斯泰特，作为正统的普鲁士军事"元老"，在1945年5月5日的审讯中也称赞他战场上的敌手蒙哥马利，"是英国最伟大的将军，他在利比亚、突尼斯、意大利证明了这一点，从登陆西欧以来，他再次证明了这一点"。

那个在日记中常骂英国同行是"杂种"的巴顿，对蒙哥马利破了例，称"蒙哥马利是个强有力的、然而很自私的人，但却是一位真正的男子汉，我认为他是一个比亚历山大强得多的领导人"。但随后又加上一句"我认为我在任何时候都能胜过这个蠢货"。

然而，他的为人一如他的穿戴，近乎刻板，他对人冷淡；他制造"事端"。

有一次，一位美国将军被要求到蒙哥马利的指挥所去见他，他手下的英国副官，是个戴单片眼镜的、精明的年轻陆军中尉，对他说："将军，我希望您最好别叫我进去报告，请您原谅我，我的上司是个很古怪的家伙，如果我去报告，他很可能叫您等上一个小时才见您。"

在那些善于克制、以绅士风度著称的英国人当中，只要一提蒙哥马利的名字，他们通常会鄙视地做撇嘴动作。马耳他总督哥特勋爵，轻蔑地笑着对参谋长史密斯说："与蒙哥马利打交道，你必须记住他不是一个真正体面的人。"

英国陆军副国务大臣埃里克·斯皮德爵士以明显厌恶的口气说："如果

他不是一个军人的话，他会在广告业上很有成就的。"

蒙哥马利那种冷漠、傲慢和贪婪的权力欲，不可避免地激起来自大洋彼岸美国将军们的怒火。一位美国将军曾被蒙哥马利无教养的行为所触怒，他在与蒙哥马利共同参加一次会议之后，写道："蒙哥马利给了我一个仅值5分钱的打火机，我想肯定是有人送了他一盒，他才给了我这个。"

美国集团军群司令布雷德利作为战斗中的直接下级曾多次与蒙哥马利会面，每次会面"蒙哥马利都十分冷淡，好像我是他不得不容忍的一个乡下弟兄"。

正是蒙哥马利的个性招致同辈人和后代毁誉交加的对立评价，然而，拂开历史的迷雾，蒙哥马利仍不愧为第二次世界大战中英国一位既有智慧又懂技术的专家，一位技术时代复杂环境中能够运筹自如的将领，一个世纪以来英国最卓著的军事家。

正是这一帮人在艾森豪威尔的领导下组成了一个有职有权、高效率的领导班子，他们之中的每一个人不仅是统帅部战斗计划的制订者，同时也是各兵种、军种进行战斗的指挥者。

艾森豪威尔比他海峡对面的那个对手龙德斯泰特的权力大得多。同是总司令，龙德斯泰特对驻法国的纳粹德国空军没有控制权，对海军也没有控制权。

艾森豪威尔就幸运多了，他的上司马歇尔把所有权力都给了他，他的盟友丘吉尔也全力支持他。他要人有人，100多万美军已齐集英伦三岛；要物有物，美国这个"民主兵工厂"是个取之不尽的物的源泉；一直悬而未决的战略轰炸机指挥权问题，最后也被艾森豪威尔争取来了，他可直接给哈里斯指挥的英国战略轰炸机部队和杜兰特指挥的美国战略空军第八航空队下达命令。

盟军研究
"霸王"方案

　　"霸王"行动虽迟至德黑兰会议才最后决定，但"纸上谈兵"筹划横渡英吉利海峡、攻占欧陆却早已进行了。

　　1942年春天，英国也委托蒙巴顿等人开始研究未来进攻欧陆问题。具体任务有：

　　　　收集和研究未来进攻所需要的情报资料，对德国的海岸防御作详细侦察了解，特别是欧洲西北部的海岸地形地貌情况更是重点。

　　　　研究进攻欧陆的登陆技术，并进行针对性训练并确定所需装备的类型和数量。

　　　　拟定登陆计划轮廓，以此作为构成实际计划的基础和依据。

　　在工作过程中，蒙巴顿第一个看到诺曼底作为登陆点的可能性。

　　1943年1月，卡萨布兰卡会议上，美英决定组织一个联合计划参谋部，负责制订作战计划。3月，摩根中将作为参谋长上任后，综合美国的计划和蒙巴顿的打算，继续专门研究制订攻占欧陆的作战计划。

　　在极简陋的条件下，摩根及其他的一班人开始了艰巨的工作。他们认识到其工作的首要任务是选择合适的登陆地域，这个地域应满足下列条件：

一是能得到在英国机场起飞的战斗机掩护。

二是航渡距离应尽量短，以便于穿梭式地运送大量后继部队。

三是附近要有大港口。

上述的条件，使盟军登陆地点受到限制，只能在敦刻尔克与索姆河之间的加莱地区和卡昂与科唐坦半岛之间的诺曼底海岸进行选择。

比较两地详细情况和各自的优缺点，摩根在蒙巴顿支持下选定诺曼底海岸作为登陆地域。加莱地区的最大优点是距离英国最近，因此航行距离最短，也是通向德国心脏地区的捷径，盟国空军能提供最大限度的支援。但其对盟国作战不利处也很突出。

得到的情况表明，德军也看到了这一地区的重要性，此地是西线德军防卫的重点，驻有15个师，并用几百万吨钢筋水泥建筑了数不清的防御工事。这里没有大港口，后续大部队难以上岸，而盟军登陆部队在英格兰上船的地域比较狭窄。

诺曼底地区的最大优点是德军防守较弱，那里的"大西洋壁垒"多数还没有完工。诺曼底海滩对登陆虽不算最合适，但还可以使用，能摆开兵力，而且科唐坦半岛还可以挡住大西洋刮来的西风。海滩后面的土地适于开辟机场，除了由树篱隔开的小块田地外，还适合坦克作战。

如炸断索姆河和塞纳河的桥梁可使德军增援困难；诺曼底海滩并没有大港口，但附近科唐坦半岛有法国西北部最大港瑟堡可资利用。登陆部队在英格兰上船的港口较多，指挥方便。诺曼底作为登陆地的缺点是渡海距离长，到德国心脏的距离也稍远，飞机特别是战斗机的往返时间相对要多。

在登陆方式上，过去有个理论主张，登陆要以港口为目标，夺占港口，才能使后续部队陆续上岸。善于总结经验的盟军指挥部，从第厄普登陆失败，看到这一理论在现代战争中已不适用。因为对防守很强的港口进行正面突击要想取得成功，势必要用飞机和水面舰艇进行轰炸和炮击，将整个地区

夷为平地，但这个港口也就没有用了。

所以，这次盟军决定登陆地点选在海滩，瑟堡港留待以后从陆上迂回夺取。

后来蒙巴顿说：

> 惠林顿公爵曾说过，"滑铁卢战役的胜利是在伊顿学校的球场上取得的。"我要说，诺曼底战役是在第厄普登陆的基础上取得胜利的。

蒙巴顿说得不错，他看到了第厄普失败的意义。不过诺曼底登陆规模是历史上绝无仅有的，为完成此项任务，美英计划人员专门设计制造了两个人工港，以补登陆时没有现成港口可资利用的不足，这两个人工港口在登陆中起到了重要作用。

登陆地域诺曼底选定之后，摩根集中考虑的就是制订计划纲要了。根据联合参谋长委员会1943年5月25日的指示，这次登陆计划的代号是"霸王"行动，其军事目标是：

> 在欧洲大陆上采取一个立足点，并从这里进一步实施进攻性作战。进攻发起日先用5个师实施登陆，接着两个师迅速跟上，另外还用两个空降师空降。随后还规定在一定时间内，派20个师进行增援。

规定虽然明确，但当时实际情况是分派给"霸王"行动的登陆舰只能运送3个步兵师实施首次突击，而且还要降低装备标准。在这种情况下，摩根决定在卡昂和卡朗坦之间登陆，突击登陆的兵力为3个师和两个空降旅，第二梯队为8个师。

登陆开始日选定为1944年5月1日，登陆两周后夺取瑟堡。计划纲要先经

英国参谋长会议审查通过，又提交到魁北克会议继续讨论。

丘吉尔在看过这个计划后，凭一个老军人的直觉，认为这个计划纲要有些问题，但因英美三军参谋长都同意，他在提出"应当尽一切努力为首次突击至少增加25％的力量"的建议后也表示同意。

魁北克对"霸王"计划纲要的决议如下：我们已经批准了摩根将军的"霸王"战役的纲要计划，并授权他继续制订详细计划和进行全面准备。

1943年10月，当时还在地中海战区的艾森豪威尔就看到了"霸王战役"的计划纲要，他认为这个计划不够充分。

蒙哥马利1943年12月24日接到返回英国出任第二十一集团军群司令的任命。

12月27日，他从意大利前线飞到阿尔及尔，会见还未上任的盟军最高统帅艾森豪威尔。

艾森豪威尔告诉他，进攻欧陆战斗打响后，最初的地面战斗将由蒙哥马利完全负责。

艾森豪威尔还谈到对"霸王"战役计划纲要的看法，他说："几个星期前，我看见一份关于拟议中的横渡海峡攻占欧陆的提纲，我对这项战术计划是否妥善表示怀疑，因为它设想在一条相当狭窄的、只能容纳3个师兵力的前线发动两栖进攻，

蒙哥马利（塑像）

而在攻击时海面只有5个师。"

艾森豪威尔在谈完对这个提纲的意见后，又指示蒙哥马利，作为他在伦敦的代表，对这个计划进行分析、修正。

蒙哥马利紧接着又飞往摩洛哥的马拉喀什，去看望正在那里养病的丘吉尔首相。新年前夕，在与丘吉尔会见中，首相把"霸王"行动的计划草案交给了蒙哥马利，并要求尽快提出初步印象。

第二天，也即1944年新年那天的清晨，蒙哥马利把一份报告送给还没起床的丘吉尔。这个报告的第二节非常重要，是这样写的：

> 最初登陆的正面太窄，局限于过分狭窄的地带。
>
> 此后将有更多的师不断向同一滩头拥来。到进攻欧陆开始日后的第二十四天，在同一滩头登陆的兵力将达24个师之多。
>
> 到那时，要管好这些登陆滩头将非常困难。混乱状况不会得到改善，而将日益恶化。
>
> 我的初步印象是：这个计划行不通。

蒙哥马利作为指挥过西西里和意大利登陆作战的经验丰富指挥官，一眼发现"霸王"作战计划纲要的问题所在，并断然、明确地拒绝了这个计划，为推进"霸王"行动的成功，作出了特殊贡献。

盟军召开
高层军事会议

1943年的冬天格外冷，虽然已进入新的一年了，但气候并未因岁月快速转换而稍有变化。

英格兰大地仍覆盖着白茫茫的积雪，太阳像睡不醒的老人，在云层的阻挡下散发出有气无力的光线；大西洋带来的湿气倒像精力充沛的小伙子散布到各地，无孔不入。

英格兰乡间各处临时搭起的简易营房和活动房屋更是潮湿而又阴冷，住在里面待命登陆的美国大兵们的心情烦躁不安，吵吵嚷嚷，但又无奈，他们只得耐心等待着最高统帅的命令，准备进攻那陌生的从未踏上的海滩。

另外还有许多人仍在陆续从美国来到这里，在漫漫雪花中上岸，神情冷漠不安地来到这陌生的住处。他们围在火炉旁，依然喝着"可口可乐"，嚼着汉堡包，但谈论的话题变了，他们以曾在国内时谈论最新式"福特""凯迪拉克"和"雪佛兰"汽车的口气，谈论着德国的"豹式"新坦克和MG—34型"打嗝"枪。

这些20岁左右的青年小伙子比他们的父辈更有知识，他们对火箭炮、迫击炮和手中连发的"汤姆"枪已运用自如，他们还练习如何使用爆火器、爆破筒来攻陷钢筋水泥的地堡，熟悉在炮火下如何安全地登上海滩的程序。

几乎人手一个的小收音机传出的是德国广播电台的声音，因为它的接收效果比收听"美国部队广播网"的效果要好。由于看不到报纸杂志，他们只能谈论些年轻人的永恒话题：战争、女人和家庭。

"我们就像正在空降的空军特种部队一样，"一位灰白头发的美国兵对

怒海翻腾

排在身后领午餐的人说，"他们在完成25次任务之后就被送回国，我们也要回国，但是要在完成25次进攻之后。"

晚上，年轻的美国兵们脱去军装，打扮一番，喷上美国带来的香水，嚼着纯正的美国口香糖，三三两两，步行几里，去当地的电影院看他们所崇拜的好莱坞大明星所主演的影片。

也有一些不甘寂寞者，带上巧克力，与那些毫无顾忌地在公共场合叼着香烟的英国姑娘，成双成对地步入舞厅，在美国爵士乐的伴奏下翩翩起舞。他们就是这样打发着英国的漫漫长夜的。

一位美国参谋军官，由于关心部队士气，换了一身士兵的服装，在那些士兵中间生活了一天。他发现，使他们感到烦躁不安的主要原因是不知道将在何处登陆。

一个美国兵说："我不在乎打这场该死的战争，但我真希望他们能告诉

❶ 美军登陆部队正在登舰

我一些有关这场战争的情况，谁有一张法国地图？"

此时，在英国伦敦，那些确切知道这些年轻人将在何时何地做出永垂史册业绩的将军们，正紧锣密鼓地制订着最后计划。

1944年1月21日，上午10时30分，两队分别戴着"U·S"徽章和"王冠"徽章的指挥官们列队走进诺福克大厦120号房间，出席艾森豪威尔担任最高统帅以来召开的第一次会议。

这是美英两国的空军上将、陆军上将、海军上将们正在对史无前例的一次大规模冒险行动的后果进行讨论，这一行动成功与否悬系着进攻部队上百万人的生命安危，这一行动的结果如何关系到欧洲的未来，乃至世界的前途。

一次战役就具有这么大的作用，使得"霸王"计划的制订者们不能不慎之又慎，考虑再三。

作为盟军统帅的艾森豪威尔静静地坐在主席位置上，与他坐在一起的是他的副手，口叼烟斗、彬彬有礼的阿瑟·特德爵士和参谋长沃尔德·比德尔·史密斯，在他们对面的是坐得整齐的英美军队的司令官们。

最高统帅的全权代表蒙哥马利躬身站立起来，清了清嗓子，就像他过去在参谋学院上课一样，有板有眼，简单明了指出"霸王"行动计划纲要的三个根本缺点：进攻正面窄；突击力量弱；指挥安排不妥。

因此，他建议扩大进攻欧陆开始的登陆区域，使进攻正面得以扩大，从原计划的40多千米加宽至80多千米，扩大一倍多，即从科唐坦半岛东南到奥恩河口东侧，把维尔河以北的海滩也扩充为攻击正面。

由于进攻正面扩大了，相应突击兵力也需要增加，80千米的宽正面，需要由两个集团军群并肩进攻，即英、加第二十一集团军群在左面以3个师进攻，而美国的第一集团军群在右面以两个师进攻。同时再由3个空降师空降到进攻正面的内陆，辅助正面攻击。

本来未有名字的诺曼底海滩在修改登陆计划过程中也分别按进攻部队的国别起出相应的代号，从西向东，5个师登陆，便把海滩分为5个，分别是：犹他、奥马哈、哥尔德、朱诺和索德。

　　犹他和奥马哈由美军在这两个海滩登陆，便以美国的两个地名冠之；英、加部队登陆的3个海滩，则由英国人按上3个有特定含义的称呼：哥尔德的英文含义为黄金，朱诺为罗马主神朱庇特妻子的英文名字，索德的英文含义是剑。

　　原计划建议所有登陆部队均由一个军司令部或特遣部队司令部领导。蒙哥马利针对此提出一个更强有力、更简单的指挥机构。为此他要求美军全部在诺曼底海滩的右面登陆，之所以如此，是因为美国军队都集结在英国的西部，转换到诺曼底海滩的右边比较方便。

　　另外，直接从美国运来的后续部队和物资要在位于诺曼底右边的瑟堡卸载。由于对盟军各部队的职责和登陆地点做了明确划分，能保证各支部队能控制自己的滩头区域，因而能使后续部队和增援部队的流动较为容易。

　　最后，新的指挥系统统辖范围扩大，3个空降师也纳入进来，这意味着，在蒙哥马利与各集团军司令部以及军和师之间有了正常的指挥系统。正如蒙哥马利所说，整个登陆"军事行动变得干净利落了"。

　　说完上述修改意见，蒙哥马利停顿了一下，看看同事们的反应，见大家都听得很专心，便又开始进一步阐明他的登陆战略问题。蒙哥马利对这一行动的初步设想是：应该由美军占领瑟堡，然后向卢瓦尔港和布雷斯特挺进，与此同时，英国和加拿大将对付来自东方和东南方的敌人的主力。

　　蒙哥马利的这个思想后来发展成：英、加部队登陆后争取尽快攻占重镇卡昂及其以南以东直至法莱斯之间的地区，并在此地区为盟军修建飞机场，并为英、加部队提供足够的补给和机动地域。

　　但他并未想尽快在这个地域内实施突破，突破的重任安排给右翼的美军，美军登陆后以此为支点和轴的中心向西和西南转动突击。蒙哥马利直接指挥的部队则是要吸住敌人反击的主力，切断敌人与美军部队的接触，牵制和尽可能多地消灭敌人。

　　盟军最高统帅部的海军司令、海军上将拉姆齐接着发言。他虽然年已60岁，但他那双眼依然敏锐、炯炯有神。他是英国近几年所有海上进攻的幕后

策划者，从跃上北非沙漠到攻击西西里岛，他都贡献出了杰出智慧。他是一位陆军准将的儿子，在15岁时就参加了皇家海军特别擅长于把已准备就绪的部队运送过海。

拉姆齐在发言中先讲到完全支持对"霸王"行动计划纲要的修改，对蒙哥马利的新打算表示赞成。同时，他也直率地提出，他还不能确信原计划纲要所需的军舰和登陆舰艇的数量能够得到满足，更不用说修改后的计划中突击登陆所需要的舰艇数了。

另外，他对那种名叫"桑喜"的两座大型人工港能否顺利修建成功也表示忧虑。他认为要在10天之内就想把他们修建起来简直是异想天开。这关系到要把100多万吨重的建筑材料拖过英吉利海峡，他提醒他的同事们注意，其中一些大的构件每件就有六七千吨重。

因此拉姆齐向盟军最高统帅部建议，把"霸王"计划发起日从原定的5月1日推迟到生产出足够的登陆艇时再进行，如考虑到登陆时的月光因素，最好的登陆日应在6月初。

此次会议所提出的修改意见或建议后来都被——采纳，成为成熟的"霸王"计划的核心内容。

敲定具体
登陆战日期

时间过得飞快。1944年3月5日，艾森豪威尔终于把盟军最高统帅部从五月市旁的格洛夫纳广场20号迁移到布谢公园，公园坐落在伦敦市郊区的一小块私人领地中，里面有一组半圆形的活动房屋。从此以后，他将在这里和格洛夫纳广场47号工作，这两处如乘吉普车只需半小时。

这条到统帅部新址的路是从海德公园的拐角开始的，穿过伦敦公园的郊区，沿着狭窄的乡村小路一直开下去。在一条林荫道的入口处，一名身材高大、魁梧，头戴白色钢盔的岗哨认真检查人们的身份证件。一条沥青小路从车库蜿蜒穿过，又径直穿过一小块草坪，最后消失在一个大伪装洞下。

艾森豪威尔新的办公室就在这伪装洞下一座锡制房顶的砖房里。小房子已有些历史了，因为战争，房主长时期没有对其进行维修，屋里地板"嘎嘎"作响，漆布地毡已磨的凹凸不平，墙上的油漆颜色已退，油漆不时地成片剥落下来。然而，就在这里，他将调动各盟国的千军万马，指挥日益壮大的、历史上最强大的军事力量。

在这里，每天艾森豪威尔起得很早，起床后，晨曦中带着与陪伴他的小狗，在院内走上几圈，呼吸着大西洋上卷来的略带早春气息的新鲜空气，这里没有伦敦市区的喧嚣，也没有伦敦市区给人造成的压抑感。

早餐后，他穿过一间坐有4个助手的大办公室，又经过比德尔·史密斯办公室的房门，把自己关在6米见方的一块"领地"之中。然后，他按一下开关，头顶上那盏新式日光灯忽闪忽闪点亮起来，把灯光投在他那桃木的写字台及光秃秃的墙上。

这里的墙壁上没有任何通常挂在指挥官办公室墙上的地图。最后，他燃起第一支香烟，标志着一天的工作开始了。

他回忆了就任最高统帅以来的工作进展，“霸王”计划纲要的修订工作已基本告一段落，登陆地点和登陆规模都已确定，并经过英、美联合参谋长委员会批准通过。

鉴于“霸王”行动规模扩大，为解决登陆舰艇的短缺问题，他亲自向联合参谋长委员会建议，把在法国南部进行的军事行动延后到“霸王”战役成功之后进行，其军事行动的性质也由配合“霸王”行动，降为仅起恫吓作用的行动，也获得同意。

现在要考虑的是选择登陆日期——D日，和攻击开始时刻——H时。选择D日和H时的依据是潮汐和月光，这是一个很复杂的问题。进攻欧陆是合成军种的作战，海、陆、空要协调一致，配合默契。登陆日

艾森豪威尔将军（塑像）

期和攻击开始时刻选定还要适合不同军种的特定要求。

美军部队地面指挥官布雷德利要求要像西西里登陆一样，要在晚上登陆，而且要求要在海潮高潮时登陆，这样可以减少登陆部队暴露在海滩上的时间。

而海军根据自己的军种特点提出希望在低潮时登陆，以便尽量减少登陆舰艇遭到海滩障碍物的破坏，同时爆破队又可以在高潮到来之前排除抗登陆障碍物。

空军又有自己的特定条件，潮汐高低对它无所谓，空军要求的是天气状况，要把登陆日安排在晴天，便于起飞，而且晚上时还要有月光，便于空降部队识别地面目标。

针对不同军兵种的特定需要，艾森豪威尔要求最高统帅部的参谋们拿出具体方案。经过认真考虑，最后采取科学方法拟定了一个适合各军兵种需要的方案。这就是登陆部队在半高潮时登陆，也即在高潮之前三四个小时登陆，以便爆破队在第二登陆突击波的部队上陆之前有时间排除障碍，当上涨的潮水到来时他们即停止工作。由于整个登陆海滩的潮汐情况不尽相同，因而在日出后的若干时间内规定出5个不同的H时。

除了满足海上登陆部队对潮汐和日出时间的要求外，为满足空降部队的要求，还决定把D日安排在满月的日子，空降部队的H时定为凌晨1至2时。

符合上述条件的日期，在6月份只有两组6天：一组是6月5日至7日；另一组是6月18至20日。最后决定选用第一组三天中的一天为D日，至于具体为哪一天则要看当时的天气状况和气象条件。因为气象条件无论对海上登陆还是空降作战都是至关重要的。

D日和H时确定下来并得到各军兵种的支持。艾森豪威尔从此开始要求他的气象军官、英国空军上校詹姆斯·斯塔格进一步做好气象预报工作。每一次指挥官会议都要呈送一份关于本星期其余几天的天气预报，目的是检验这些预报是否正确，以便在最后一刻选择最后的具体D日。

美国实施
声东击西计划

　　盟军要在1944年登陆欧洲，德军高级将领都认为这是确定无疑的，但盟军具体在哪里登陆，却使这些将领们捉摸不定。但为了欧洲大陆的安全，希特勒做了周密的布置。

　　1944年春天，希特勒已调集近60个师的兵力严守大西洋壁垒。仅在法国海岸，隆美尔统帅第六十五集团军19个师扼守加莱地区，第七集团军9个步兵师和一个装甲师驻在诺曼底。在整个西线，共有10个装甲师散布在比利时到波尔多之间，紧盯着英吉利海峡。

　　大西洋壁垒虽然名不符实，但在隆美尔的领导下，只几个月就大为改观，他发明的那些海滩障碍，就如丑陋的湿疹，一下子出现在西北欧的海岸线上。

　　盟军满打满算到登陆时才有34个师的兵力，第一波突击诺曼底的只有7个师。诺曼底虽是德军防守的薄弱环节，但兵力数也多于盟军突击兵力。

　　自在1944年3月20日对西线高级指挥官提出瑟堡半岛可能成为战略上的桥头堡，预测盟军入侵的重点不是诺曼底，就是布列塔尼后，3月23日，希特勒在接见罗马尼亚傀儡头目安东奈斯库时又蛮有把握地重复了他的预感。尽管从西方外籍军队处获得了大量与此相反的情报，希特勒还是固执地相信自己的预感。

　　4月6日，在伯格霍夫山庄的掩蔽室里，希特勒敲着地图上的诺曼底海岸说：

　　我赞成把我们所有的力量都调到这儿来，特别是那些不一定非派到其他地方不可的部队。

　　在龙德斯泰特和隆美尔就有关防御战略和防御战术发生激烈争论之时，5月1日，约德尔的作战局严正提醒两人，希特勒推测盟军入侵的地点在第十集团军的区域内，而不是第十五集团军。

　　5月6日，希特勒又让约德尔打电话告诉龙德斯泰特的参谋长说，他"把诺曼底放在特别重要的地位"。两位指挥官心里虽有不同的打算，但对元首的指令并不敢怠慢，又有一部分防卫士兵被送到诺曼底前线。诺曼底到D日之前的兵力虽然还不抵加莱，但比照以前是大大加强了。

　　盟军军事统帅部虽然对希特勒的动向不能完全把握，但对诺曼底的兵力和加莱的兵力还是基本有数。盟军统帅部考虑到第一波登陆时，迎击的敌人可能不会很多，盟军可以攻上滩头，盟军能否在滩头巩固住、占领住，那就看德军和盟军的增援速度了。

　　按常规，德方是守，部队分布在近旁，一旦确定诺曼底是主攻方向，德军马上可调集绝对优势兵力，把刚涌上滩头的盟军赶下海去。盟军增援部队速度再快，因隔着英吉利海峡，也快不过德军部队。

　　要把握这一阶段的关键是让德军迟迟不能确定诺曼底是主攻方向。只要这一点定不下来，德军就不可能在短时间内调到诺曼底，这就等于为盟军运送增援部队提供了时间。

　　为此，英、美双方经长期策划、精心准备，制订了庞大而周密、代号为"刚毅"的秘密行动计划，作为"霸王"行动的一部分。这一行动有三个部分：

　　一是全力进行对德国的情报工作，搞清希特勒防御西线的兵力部署、大西洋壁垒的结构详情，特别要把握诺曼底地区的潮汐、海滩、地形、地貌、德军的防御配置、火力点等各种情况。

　　二是严格保守秘密，诺曼底作为登陆地点决不能泄露出去，要制造种种

假情报、假消息，让德军相信登陆地点在加莱。上述两条要在D日前实施。

　　三是"刚毅"计划的核心部分，其主要目的是使德军相信，盟军对希特勒的欧洲大陆西北部的攻击，不是只搞一次，而是两次。

　　第一次攻击不太重要，其目标是诺曼底，此次攻击是牵制性的，主要目的是把第十五集团军的兵力和装甲师吸引到塞纳河以南。一旦希特勒把这些精锐部队南调扫清盟军的桥头堡，第二次攻击，即货真价实的重要攻击就将在加莱海峡进行。

　　如果德军真的相信这个"二次攻击"的"刚毅"计划，那么，德国最精锐的第十五军团就会对诺曼底进攻无动于衷，待在加莱，大炮无声，坦克待命，傻等着一次永远不会发动的进攻。

　　这是一个最大胆，也是最危险的游戏。对于盟军来说，"刚毅"计划可能使他们赢得反攻的胜利，但也可能使之失败。

　　声东击西就像下棋一样，很容易被识破。这是一种极其微妙、复杂的艺

英军坦克（模拟场景）

术，也是一项环环相扣、密不可分的系统工程。为了取胜，必须步步设下圈套，引德军上钩，钻进盟军布好的蜘蛛网中，如若一个环节被识破，整个计划必将败露无疑。

如这样，那就等于把盟军的意图明明白白地告诉了德国人。他们只需反其道而行之，把其部队毫不迟疑派往诺曼底。

所以，此计划只许成功，不能失败。而且要行动于D日之前，体现在D日登陆之后。

神兵空降
诺曼底战场

1944年5月29日凌晨，太阳还静卧在地平线下。一行不长，但却惹人瞩目的车队，穿过还在沉睡的伦敦，朝着索塞克斯绿荫密布、生机盎然的丘陵开去。

目的地是一幢耸立在俯临朴次茅斯港湾的古典式建筑——索斯威克大楼。这就要成为艾森豪威尔的前线指挥所了。进攻发起日的倒计时，从前线指挥所建立就开始了。

当日的第一次会议，艾森豪威尔召来了现在已成为他第一顾问的气象专家斯塔格上校。斯塔格把气象图、预测和情报都进行了复核。这些资料是飞机、潜艇、军舰和地面气象站，从加勒比海到冰岛北部的广阔地区收集而来的。依据这些资料，斯塔格预料直至6月4日的本周内天气很好，对作战有利，但不排除周末出现暂时性小型天气扰动的可能。

艾森豪威尔沉思片刻，便发出新司令部的头几号命令：

总攻日按原计划将在一个星期之后的6月5日，即星期一实施。

进入6月，斯塔格没有排除的天气扰动变成了现实。

6月2日，在司令部会议上，斯塔格上校面带愁容说道："在最近几天，从不列颠群岛到纽芬兰公海上出现大气扰动。这股扰动已越过大西洋，英国西部出现暴风雨，现正向东移动，风速和云层正在不断加大，很可能要扫过

登陆地区。"

与会者听此预测，个个忧心忡忡，盯着艾森豪威尔。斯塔格退席后，富有幽默感的参谋长克里西少将冒出一句："六尺二寸高的斯塔格，倒六尺一寸布满愁云。"

这句话使与会者轻松了一下，会议的气氛也有所缓和。

6月3日，斯塔格带来的全是坏消息：低气压正越过大西洋向英吉利海峡移动，6月4日至6月7日，海峡的风力很强，云层低厚，诺曼底海岸有雾。

第二天凌晨4时，据斯塔格记载在会议室内紧张气氛"可以摸到"的状态下，艾森豪威尔作了一个命运攸关的决定，盟军对欧洲的登陆战将推迟24小时，即推迟至6月6日，即星期二，并要求召回已在海上的兵力。

6月5日凌晨4时，艾森豪威尔好像一夜没有合眼，又由身穿宽大下垂的灯芯绒裤子和圆领运动衫的蒙哥马利陪同，走进会议室。会上，每个人的脸色都很忧郁，都在静静等待斯塔格。

4时15分，斯塔格带来了好消息："5日夜间开始，好天气可以扩展到整个英格兰南部，而且可以持续至星期二，即6日上午晚些时候或下午，能见度良好，风力大约为3级，在诺曼底海岸一带不超过四五级。预计星期二傍晚云的情况要变坏，那一周其余几天的天气仍有变化，但有一段时间是好天气。"

听到这个消息，人人松了一口气，紧张气氛稍有缓和，人们七嘴八舌地议论起来，都从各自的角度议论着是否行动的问题。艾森豪威尔坐在大书架前的沙发上听完了大家的最后意见，陷入沉思。时间一秒一秒地过去，大约5分钟后，艾森豪威尔满脸紧张地抬起头，果断而坚定地说："OK，我们行动吧！"

4时30分，命令发布下去。从爱尔兰海经过威尔士海岸，直至利泽德角，从利物浦到拉姆斯盖特的河汊、海湾、港口，庞大的机器开动起来。现在，无法后退了。

登陆开始了。结果如何，此时还难预料。司令官们都走了，艾森豪威尔拿来一张纸，掏出铅笔，写下了以下几行字：

我们在瑟堡-勒阿佛尔地区的登陆失利，我已经将部队撤回。

我决定在此时此地发起进攻，是根据所得的最好情报作出的。陆军、空军和海军都恪尽职守，表现出极为勇敢和献身精神。如谴责此次行动或追究责任，应由我一人承担。

艾森豪威尔对这次进攻做了最充分的准备，争取最好的结果，也做了最坏的打算。

1944年6月5日，星期一，上午。

从昨天就断断续续落雨，现已变成连绵的雨雾，笼罩着英吉利海峡。英格兰南部各港口也都是湿乎乎的。已经出发又中途折返的海军各编队又离开了港口，这次不会再折返了。

庞大的编队冲破重重迷雾，先驶向怀特岛南方代号为"皮卡迪利广场"的海域。在这里，舰艇编队依据进攻的5个海滩划分成5个登陆突击编队，每个突击编队沿着已扫过雷的、设着浮标的5条航道向诺曼底航进。

每条航道又分为两条，一条供航速12节的快速登陆输送队使用；另一条供航速5节的慢速登陆输送队使用。整个航道划分得像高速公路一样清楚。

为保证登陆成功，要一次运送10多万人的部队，光动用的登陆舰只达4000多艘。战斗舰艇对登陆作战成败至关重要。登陆艇要护航，航渡海区要警戒，登陆地域要炮火支援，都要有战斗舰。盟军动用战斗舰1000多艘。两者汇合总数达5000艘舰艇，似乎改变了英吉利海峡的颜色，其劈波斩浪的气势，宛如海峡中骤起的狂飚。

舰队共有10列，横排达32海里，似乎是摆布在海洋中的海上舰艇展览，有新型的快速攻击型重巡洋舰，也有带着红锈的慢速货轮，远洋航线的小型客轮，海峡用的小汽艇、医疗船、油轮、沿岸巡逻艇，大的长达120多米是坦克登陆舰，小的只能装几十人的是小型登陆艇，只能装在大型运输船上。

为舰队开路的是扫雷艇、海岸警备队的警备艇、浮标敷设队的汽艇。

活跃在舰队中间是快速巡洋舰、驱逐舰，它们像牧羊人指挥羊群一样忽前忽后，指挥着舰队保持队形，协调一致。

舰队外围游弋着反潜舰艇和鱼雷快艇，以防德国海军来袭。舰队上空飘浮着密密的防空气球，战斗机编队在云下巡游警戒。

此刻艾森豪威尔已经在纽伯里第一〇一空降师的机场上与正准备上飞机的空降兵将士们谈了一小时的话了。昨天空军司令曾说过："这些空降部队的3／4以上将立即遭到伤亡。"所以，他不放心这些可爱的战士们，想在出发前再看他们一眼。

夜里23时，起飞的时间到了。艾森豪威尔举起手和机舱中的士兵道别，并站在那里，看着机尾涂着3道白杠的飞机慢慢滑上跑道，加速、起飞，一架又一架跃入夜空。

飞机起飞后，先在机场上空盘旋，直至编好队形。

23时30分，第一〇一空降师大编队飞机再一次飞临机场上空。机场上艾森豪威尔两手深深地插在裤袋，深情注视着，为他们送行。他们中的许多人也许从此就一去不复返了。

在同一时间，在英国全国20多个机场，共起飞了1200余架运输机和上千架滑翔机，运载英、美3个空降师18000余人，排成3机"品"字形，组成长长的几个编队，越出英伦三岛，向诺曼底冲去。

几分钟后，漂泊在英吉利海峡中的10万士兵，已听到海峡上空的隆隆响声。这是大编队巨型运输机的声音，一波接一波，整整过了一个多小时。看到历史上最大规模的空降部队，尽管甲板上的士兵耳朵都快震聋了，眼睛也看花了，仍不愿回船舱。

空降兵6月6日1时30分后，就要在诺曼底海滩后面两侧降落，他们的任务是夺取不该炸毁的桥梁，炸毁不该夺取的桥梁，前者方便盟军运动，后者防止德军增援。进攻诺曼底的最初登陆者是18000余人的伞兵空降兵部队，其中的几百名伞兵引导员更早一些降到诺曼底。

午夜过后不久，由120名美国伞兵组成的引导队就从空中飘落至瑟堡半岛

上。他们的任务是在半岛的135平方千米的土地上标示"降落地点"，为大批空降做准备。

由于德军高射炮火猛烈，运输机不得不左避右闪地规避炮火，结果偏离了航线。120人中只有38人降落在预定地点，其余人落到离目标几千米以外的地方。

这些先遣队员们牢记他们长官的告诫："在诺曼底降落之后，我们的友军只有一人，那就是上帝。"在这一信念支持下，他们拼命确定自己的方位，然后，迅速接近自己的指定位置。因为时间不等人，还有一个小时，大部队机降就要开始了。

远离美军80千米的60名英国先遣队员的遭遇甚至还不如美军：

两名英国伞兵在黑暗中飘飘悠悠地降落在德国少将约瑟夫·拉赫尔特师长指挥部前的草地上。听到响动，拉赫尔特不等扭亮电灯就冲了出来，两位

盟军在空投区运送物质

英国人赫然立在眼前。

一瞬间，双方都大吃一惊，眼睛瞪得大大的，还是德国师长先反应过来，打破短暂的沉默问话了："你们是从哪里来的？"

一个伞兵露出不速之客的歉意答道："对不起，长官，飞机故障，我们只好跳伞。"

师长惊慌闪进总部，这两人由他去吧！有这样好运的人不多，大部分人是不幸的。降落当时，天空云层厚厚的，又有大雾，地面德军的高射炮也不甘示弱。提前到达的先遣队有的未能找到着陆区，无法布标志物，有的找错了地方，标志物指示的也就是错误的方向。

就飞行员来说也出了不少错误：有的飞行员看到地面有炮火闪动，就急忙规避，忙中出错，偏离了航线，飞过了着陆区；有的飞机进入着落区，飞行速度太快、高度太高，是规定时速与高度的几倍。

结果是空降兵像天女散花撒落在瑟堡半岛上，两个师的美军空降兵降落到预定着陆区的不到一个团。包括无线电发报机、反坦克炮、吉普车等在内的全部装备损失率达至60%。

更不幸的是损失了大量士兵。有些士兵，由于过早跳下，结果落到隆美尔布置下的泥地陷阱中。这些人负重过多，落进陷阱，就出不来了。有的人竟淹死在只有60厘米深的水里；还有的眼睁睁地看到几步之远的干陆地，但就是无法逃出这吃人的陷阱。

那些跃出飞机舱门过晚的士兵，迎接他们的着陆地点是英吉利海峡中汹涌的海水，这更是有去无回。

虽然空降困难重重、伤亡惨重，但那些充满爱国精神的盟军仍然在努力奋斗着。靠着专门从美国运来，一个只有几角钱的小孩玩具——蟋蟀发声器，寻找着自己的战友。轻按一响，对方要回复两声。就连师长泰勒少将，也要靠这个小东西找他的部下。

作为第一〇一师的最高长官的泰勒和师部的人员一道伞降着陆后，再也找不到他的参谋、干事们了，他手拿蟋蟀发声器，找了3个多小时，找到天

亮，集合了90多个人。其中军官倒不少，团长、营长、中校、上校都有，而士兵只有3人。

他满幽默地说："这样少的兵接受这样多的长官指挥，倒是第一次经历的事。"

第一〇一师的第五〇一团到D日中午才集合起来200来人。人虽少，但没影响他们完成任务，团长恰好找到一名海军舰炮火力控制组的成员，他通过电台召唤停泊在海岸边的重型巡洋舰"昆西号"，让其用203毫米的火炮击退了阻止他们前进的德军。他们上路了，完成了本该一个团才能完成的占领两座桥的任务。

同师的第五〇六团的任务是夺取第一和第二号通道，要保持其畅通，并掩护在"犹他"海滩登陆的美军部队。该团着陆时也极其分散，团长将集合起来的人马重新分组分配任务，人虽少，但他们仍然攻占了波佩维尔。不久，这支部队与攻占"犹他"海滩的陆军部队联系上了，并顺利地到达第一、二号通道。

第五〇二团的战斗目标是夺取第三、第四通道，并与第八十二师会合。伞降后，团长失去联系，营长组织起分散的着陆人员，并把第八十二师降落在附近的人员也集合起来，组成混编伞兵队。这些人也把任务完成了。

美军第八十二空降师由第五〇五、第五〇七、第五〇八团组成，后两个团着陆后太分散了，无法成建制的组织起来，只得像打游击一样，各自为战。

发挥作用的是第五〇五团，他们把刚开完会返回指挥部的德军第九十一师师长击毙，该师专门受过反空降训练，是科唐坦沿岸守军的主要预备队。师长一死，群龙无首，该师的作用也发挥不出来了。

第五〇五团还在着陆点就近摸黑攻占了圣梅尔-埃格利斯镇，切断了通往瑟堡的一切通讯联系。

英军第六空降师由第三和第五伞兵旅组成。该师的任务是在奥恩河口附近及其周围广大地区保障登陆作战东侧翼的安全。具体说，夺取奥恩河和卡昂至大海之间的运河渡口，占领梅维尔的海岸炮台，还要炸毁奥恩河以东迪

夫河上的桥梁，以切断德军第二十一装甲师进行反击的通道。

第五伞兵旅的任务是夺取奥恩河和卡昂运河的两座桥梁，这是诺曼底东西侧翼的主桥头堡之间的主要交通线。午夜过后5分钟，由轰炸机拖曳的6架滑翔机飞临奥恩河口上空，放开拖索后，6架滑翔机中的两架准确滑落在卡昂运河大桥附近，着陆点离大桥只有45米。

部队出其不意地占领了这座桥，另3架滑翔机的目标是离此地800米的另一座桥，有两架着陆点正确，他们也迅速占了另一座桥。德军原准备炸掉这两座桥，但不知何故，守桥部队一直没接到炸桥命令，结果两座桥完整无损地落到盟军手中，为盟军进军诺曼底内陆提供了通道。

第三伞兵旅有两个任务，炸梅维尔炮台和迪夫河上的5座桥梁。两个目标延伸10多千米，但任务还是完成了。炸桥由两个营分担，这两个营伞降时极度分散，只能分头集合成小股部队执行任务。小股部队上桥时，德军以为是来演习的自己人，守桥士兵还没明白对方是谁就成了俘虏，5座桥顺利被炸毁。

攻炮台就不那么容易了。炮台设在暗堡之内，舰炮轰击不到，据说该炮台有4门150毫米大炮，对盟军登陆威胁太大，决定除之。任务落到一个营的头上。由于降落分散，至凌晨3时，600个人才到了150人，任务又要限时在天亮前完成，只得干了。

在营长率领下，他们兵分两路，一路与守军格斗，一路直奔炮位，经一个多小时的激战，以伤亡过半的代价，终于拿下了炮台阵地。此时发现火炮口径不是150毫米，只是75毫米，是个普通的炮兵连。4时45分，营长发出信号，表示已完成任务。至此，英军空降师的任务全部完成。

天将破晓，18000名空降兵只在不足5个小时的奋战中，不怕流血牺牲，克服重重困难，已经十二分满足了艾森豪威尔将军和他的最高统帅部的希望。空降部队的突然行动，已使德军发生混乱，切断他们的联络，扰乱他们的部署，现在这些英勇的空降兵们已控制住诺曼底登陆地点两翼，封住了德军增援部队的通道。

此时，在海军某编队旗舰"贝菲尔德号"上，美军第七军军长科林斯把

他的双筒望远镜对准了美国人正准备登陆的海滩——犹他海滩。

犹他海滩坐落于科唐坦半岛东岸从奎内维尔以南到卡朗坦河口以北，宽14.5千米。这个海滩是坡度不大的黄沙坡，中间有几道障碍物，障碍物的纵深在低潮时约为270米至370米。障碍物的后面是很窄的干沙滩，宽约100米，再往上去则是一个低沙丘带。靠着沙丘朝海的一面，德军修了一道低矮水泥墙。海滩的后面是一个故意淹没的牧场，约有几千米宽，有几条堤道穿过牧场通向海滩，这就是美空降兵已夺取的通道。德军在这段防线上配置了28个固定和机动炮连，共有火炮110门，其中有8个暗堡连，这些炮大部分都能对海滩进行射击。

进攻犹他海滩的任务落到了雷诺·巴顿的第四师身上。就是这个师在4月底的演习中，遭到德国人袭击，现在他们已从挫折里恢复过来。

科林斯看到一排排、一队队的登陆艇已经出发，它们在海面上要经过两个小时的颠簸才能达到海滩。登陆艇出发之后，盟军的轰炸机也倾巢而出，隆隆巨响滚过舰队上空。一个大机群，跟着一个大机群，从人们头上掠过。战斗机、轰炸机、侦察机、炮火校正机，数量多的遮天盖日，飞机总数达11000架。这些飞机对诺曼底海岸德军各防御工事，对大西洋堡垒的防御要塞，进行了地毯式轰炸，登陆海滩一时笼罩在浓密的烈火硝烟之中。水面上的士兵望着天空，凝视不已，脸上露出感动的表情。

飞机的轰炸刚告一段落，停在犹他海滩对面的17艘军舰也开始怒吼。这些大型舰上的巨炮向白天预先侦察出来的德军炮兵阵地猛轰，轰隆巨响和震天动地的爆炸声响彻云霄，炮火的闪光直穿灰暗色的天空，黑烟像大卷云在海岸上翻滚。

当登陆艇开到距海滩最后几百米时，海军的炮火开始向内陆延伸，近距支援的陆军炮火由编在攻击梯队的坦克登陆舰小口径炮承担，许许多多的火箭弹从火箭发射舰上发出，雨点般飞向海滩。

看到这种壮观的场面，就是身经百战的科斯林也激动不已。6时8分，几百艘登陆艇靠岸；6时10分，飞机开始在船岸之间施放烟幕，掩护驶向海滩登

陆艇和冲上海滩的士兵们。

比原定H时晚5分钟，也即6时35分，第一登陆突击波上岸，跟着这一突击波登陆的有一位将军，他就是美国第二十六任总统罗斯福的儿子塞奥得·罗斯福准将。这位已经57岁的将军是几度要求之后，才批准参加这次突击的。

登陆极其顺利，在海滩上几乎没有遇到抵抗，海滩障碍物也没有配上爆炸物和饵雷。原因只有罗斯福和两三个军官知道。那就是部队抢滩前，17艘火箭发射舰和陆军炮火支援舰炮齐射，这些炮弹和火箭掀起了一片烟尘，再加上飞机投下的烟幕弹，把海岸完全遮住。一股很强的潮汐把登陆艇向南冲到了离预定登陆海滩约1600米的海滩上，他们是在此登陆的，这是一个幸运的错误，如没有这个错误等待他们的是坚固的防御工事和严阵以待的防守重兵。

现在，罗斯福已同进攻部队一齐站到海滩上第二号通道之处了。这时，他非要作一次重大决定不可。因为从此以后每隔10多分钟就有新的兵员和车辆登陆，总共有26个突击登陆波，包括20000多士兵，3500辆车辆要登陆；紧跟着，美军第九师和第九十师也在这个海滩上岸。所以，罗斯福必须决定是把这些后续部队带到比较平静安全的这个"错误"登陆地点呢？还是导向原来的预定登陆地点？

这个预定地点与内陆相连的是第三号、第四号通道，如回到原来的地点登陆，新打开的第二号通道不能保持下去，而以后的大集团登陆就要陷于进退维谷的困境。

罗斯福将军和几个军官商议决定，就将错就错，不向原来的目标进攻，第四师现在从这唯一的第二号通道向内陆进攻，发现德军就坚决消灭掉。现在，第一登陆突击波已在犹他海滩站稳，是迅速采取行动，打击德军的时候了。登上陆地两个小时后，罗斯福带领他的战士向内陆突去。上午10时，又有6个营的兵力离开海滩踏入内陆。至中午，海滩上的德军已被基本肃清。犹他海滩的守军是德军第七〇九师的一个团。该师是个无"腿"的海防师，武器装备差，人员大部分是预军备役的大龄人和德国仆从国士兵。由于该师通讯联系已被美军空降兵切断，德第七集团军司令多尔曼直至当天很晚的时候

才知道盟军已在科唐坦半岛登陆。

盟军登陆的损失轻微。主要损失是清晨施放烟幕的飞机有一架被高射火炮击落，烟幕墙出现一段空白，驱逐舰"科里号"被暴露出来，成了德军岸炮连的目标。为了躲避，"科里号"驱逐舰立即机动，不幸撞上一枚水雷，炸断了龙骨，6时41分船沉了。还有3艘坦克登陆艇、两艘步兵登陆艇也因触雷沉没。人员损失也很有限。全师只有194人阵亡，先头部队的两个团只死了12个人，而在一般情况下，阵亡人数应是它的几十倍，甚至上百倍。

D日傍晚18时，经犹他海滩上陆的部队达到21000万余人，车辆1742辆，还有几千吨补给品。登陆部队已到达卡朗坦与圣梅尔－埃格里斯的主要公路上。占领的登陆场面积正面和纵深达到10千米。由于登陆太顺利，负责指挥运送部队上岸的海军编队司令穆思少将在给其上级的报告中写道："登陆按计划完成，对登陆突击，没有什么可写的。"

在"贝菲尔德号"舰上，科林斯又举起他的双筒望远镜，远处的犹他海滩，硝烟已散，近处排成长队的登陆舰艇络绎不绝、井然有序。他也很快把登陆成功的消息送到指挥美国陆军的布雷德利那里。

布雷德利的评价是："我们轻而易举地夺取了犹他海滩，令人满意。"

血雨腥风的
"奥马哈"

　　"奥马哈"是美军负责攻占的另一个海滩，在犹他之南。负责进攻是的美军第五步兵师和第二十九步兵师中的两个团。

　　奥马哈海滩宽6400米，一端靠维辛河口，另一端接辛港。奥马哈海滩的地形与犹他不同，不是以平缓坡度伸向海中，而是突然凸起，形成陡峭的悬崖，悬崖高达10多米。

　　这些悬崖逐渐以平台状向内陆延伸，形成高地，到陆地时，高地已达45米的高度，形成了一个坡度较大的急坡。急斜坡上有4条小溪，由于流水的持续作用，已经冲成一条溪谷，每个溪谷就是从海滩到内陆的通道，车辆要靠此通道才能进入内陆。

　　海滩本身和犹他海滩差不多，都是由硬沙质构成，海滩高潮与低潮线宽约270米。在靠岸的一端是突然凸起的卵石堤岸。在这一地区唯一修筑的大路是从附近一个名叫兰林的小村开始沿海岸到维叶唯尔后转向内陆。这一带地处偏僻、地形险恶，因此人烟稀少，只有稀稀落落的几个小村，相距也都很远。

　　奥马哈海滩是隆美尔亲自视察过的地方。在他的指导下，该海滩建设了完备的防御设施。在此地域的峭壁上建有16个钢筋水泥支撑点，布置有各种口径火炮，包括新型"克虏伯炮"、反坦克炮等。这些支撑点能互相支援，互相协助，能靠火力，严密控制海滩；而且居高临下，海滩上乃至海面上的一切活动，都尽收眼底。

　　此外，还有若干个暗堡炮连，火炮口径较大，射程远，工事修得坚固，

并且都建在海滩两端的悬崖之上，射击角度大，可直接轰击登陆艇。

以这些坚固支撑点为中心，从低潮开始布防，先是挂满水雷向海倾斜的木柱和铁桩等专门刺穿、割破登陆艇的利器；然后是隆美尔创出的那些"比利时牛棚门"、捷克式巨马等障碍物，专门防登陆艇和坦克登陆；再后面是卵石海堤及遍布其上的蛇腹形带刺铁丝网和地雷，主要对付坦克和步兵。

美国历史学家后来说：

> 在这里德国人为进攻的美军准备好了他们在别处从未遇到过的最残忍的地狱。甚至连日本人在硫磺岛、塔拉瓦和阿留申的防卫，也不能与这里相比。

盟军当时也知道这段海滩地形不太理想，易守难攻，但从维尔河口到阿罗门奇之间长达30多千米海岸，只有这一段可以登陆，其他地段都是峭壁。如此段海滩不利用，必将在盟军登陆线上造成大缺口。

对奥马哈海滩的进攻开始了。进攻前，法国地下组织送来情报，说在奥马哈海滩后边的瓦胡角悬崖上安有6门155毫米海岸炮。这种炮威力大射程可达12海里，所以攻击舰队在离岸12海里处停了下来，开始换乘小艇。

为消灭那个海岸炮阵地，美军派出3个别动连，准备攀上瓦胡角偷袭海岸炮阵地。3个连在来自得克萨斯的牧场主拉德尔上校率领下出发了。与此同时，在舰队停泊的宽阔锚地中，士兵们迎着高达1.5米的狂风恶浪开始换船，在漆黑的夜里，那些步兵身负沉重的装备，挣扎着爬进剧烈颠簸的登陆艇。有10艘当即翻沉，300多名士兵在波涛汹涌的水面上挣扎，有一部分人永远沉入了海底。没有翻沉的登陆艇勉强开动了。

在登陆艇行进中，波浪带来的冰凉海水在甲板上溅了进来，把每个人都浸得湿漉漉的，像从水里刚捞出来一般。打进来的海水先是浸没到人们的脚腕，大家还没有在意，但水越来越深，突击营少尉卡奥纳发现情况严重，赶紧让战士们向外吸水，可是晚了，艇已到沉没边缘。

147

不过卡奥纳少尉的手下还是用无线电立即呼救："这里是860号登陆艇……860号登陆艇……就要沉没……就要沉没……"经短暂停顿之后，接着一声哀叫，"啊！沉了……救命啊……"

在到奥马哈海滩的路上，到处都有登陆艇开始下沉。有的士兵们竟连呼叫都来不及，身上的装备像沉重的石头一样，把他们一下子拉到海底。终于，坐在登陆艇的士兵们，经潮湿、寒冷和晕船的几重折磨，就要靠近海滩了。

为配合进攻，攻击第一波部队配有几十辆装备105毫米火炮的两栖车辆，也因下水过早沉没于海中，最后登陆的重武器只有30辆坦克和几辆两栖炮车。

海军和空军的炮火攻击在5时50分开始。先开炮的是停在12海里之外由两艘战列舰、4艘巡洋舰和12艘驱逐舰组成的火力支援大队。这些大口径海军舰炮的炮弹，呼啸着飞越海上士兵们的头顶，在海岸上爆发出震天动地的响声。

光超重巡洋舰"德克萨斯号"和"阿肯色号"就拥有14英寸巨炮10门、12英寸重炮12门、5英寸大炮12门的强大火力，在短时间内向瓦胡角顶上的德军海岸炮兵阵地，一连发射出近千枚重型炮弹。硝烟笼罩着瓦胡角，似乎崖头上发生地震一般，地动山摇。

对奥马哈海岸防御工事的航空轰炸开始了，美国第八航空队近500架重型轰炸机穿过云层及时赶到，但因奥马哈上空云层太低，怕误伤还在海面的进攻部队，轰炸机不得已推迟30秒投弹。

但这30秒造成地面误差达5000米，这些炸弹，全落到了内陆，许多法国平民成了轰炸的牺牲品，海岸上的德国兵毫发无损，更不用说他们的岸防工事了。

美国历史学家评论说：

海军的轰炸虽然时间短，但效果很好，可能把敌人的抵抗能力削弱了1／2至2／3，飞机轰炸，完全是徒劳之举。

当登陆艇在距离海岸1000米时，艇上的火力也加入炮击的行列。火箭弹几千几千地从士兵的头上飞过，德军阵地在如此庞大火力的压制下，似乎不存在了，整个岸防阵地德军炮火沉寂，阵地不见人影，德国人都跑了？

看到海滩上静默无声，士兵们的脸上露出感动的表情，放心地以为这一下可好了，一高兴晕船和寒冷带来的不适都一扫而光。作为突击队的D连中士罗伯特·比克斯勒甚至认为这是一次美妙的异国旅行，登陆犹如过海关一般容易："一手拿着一把梳子，另一手拿一本去巴黎的护照，轻松地走过去。"

担任美国地面兵力总指挥的布雷德利中将，此刻心情可一点不轻松，他正在离岸12海里之外的"奥格斯塔号"巡洋舰上，耳朵塞着棉花，用高倍望远镜看着10000米之外海滩上的动静。

原来盟军情报机构认为，防守奥马哈海滩的是德军第七一六师中不足800人的一个团。他们是德军中装备很差的一支部队，人员大部分是近40岁的老军人以及东欧各

仆从国的人。然而，刚刚接到的情报说在两个月以前已经又有1200多德国人悄悄地进入了奥马哈海滩的阵地。这些人不属于很差的第七一六师，而是德军有实战经验的劲旅——第三五二师的一部。这支新部队中有一半是来自德国名城汉诺威的十八九岁青年。他们训练有素，士气极为高涨。另外，还有来自东方前线的200名富有战斗经验的老兵。这个消息到得太晚，布雷德利不可能通知已经出发的攻击部队，他只能通过指挥舰炮加大攻击力度，延长炮击时间去支援前方部队了。

在瓦胡角的悬崖上，有一个人正站在监视壕中，手拿望远镜，在盟军炮声中通过枪眼向外窥视着。他就是德军奥马哈海滩防御部队的一员：布尔斯卡特少校。他在这里已坚守一夜了。当借着晨光，通过漫布的轻雾，几千艘战舰一下子出现在他的望远镜中时，他知道，盟军的登陆就要开始。

空军舰炮的炮弹击中布尔斯卡特少校所在的崖面，剧烈的震动把少校抛到半空并摔倒在地，飞扬的沙石和炸碎的混凝土碎块形成了一道白茫茫的灰雾，把他的视线挡住了。

当他从地上爬起来后，听到部下的叫声。这阵炮打得他瞠目结舌，一时不知所措，过了好一阵才镇定下来。这会儿，电话响了，是第三五二师司令部打来问海面情况的，他刚要回答，又一声巨响，从阵地后面传来，飞扬的尘土和沙石使得他睁不开眼睛，稍停他才把盟军已涌进海湾的消息报告出去。

趁盟军炮火射击的间歇，布尔斯卡特用电话问自己炮兵阵地的情况，结果意外得好：各种口径新型"克虏伯炮"毫无损失，没有一枚炮弹光顾到这个阵地，就连建在距离海岸仅8米的一个炮兵连，也成功地避开了炮击，人炮俱在。看来坚固的防御工事起了作用，严密的伪装也功不可没。

他又一次走近望瞭孔观察，看到盟军的登陆艇越发靠近，很快就要进入射程之内。在他回团指挥所之前，他命令手下的炮兵军官："我现在回团里，你一定要记住，在敌人到达水际之前，绝对不准浪费一枚炮弹。"

盟军的登陆艇一点点地逼近海岸，盟军的舰炮火力攻击已开始转向内陆。当登陆艇的前锋驶进距岸350米时，突然，德军的各种机枪吐出火舌，子

弹铺天盖地般飞来。紧接着，来自奥马哈崖头上和半月形海滩两端的炮兵阵地的炮弹落到了登陆艇周围，激起巨大的水柱。

整个6000米宽的登陆海面上的登陆艇顿时陷入极其困难的境地，士兵们发出一阵阵骚动的叫声。水面上还不时传来机枪子弹扫中登陆艇的"噗噗"声，有人落水的"扑通"声。整个进攻的部队，都被打得抬不起头来。

在崖上布阵的德军炮手，居高临下瞄向动作迟缓的舟艇，更是一打一个准。在离岸50米处，攻击团A连一艘登陆艇被一枚炮弹当头击中，两人丧命，28名惊慌失措的士兵被掀到海中，然后第二艘登陆艇在放下斜板准备上陆时，船体爆炸艇上的连长和31名士兵遇难。

当这个连剩下的3艘艇不顾一切冲向滩头时，一阵猛烈的交叉火力，又打倒了许多士兵。还没等到上岸，A连的200多名士兵已伤亡了2/3还多，完全失去了战斗力。

那些侥幸冲上滩头的人等待他们的也没有好运。他们发现已被运载到错误的地区登陆，他们来到离预定地点以东3000米处，等待他们的是连绵不断的地雷区和各种难以跨越的障碍物。

他们既无扫雷坦克，也无适当的排雷工具，只得等待破坏海滨障碍物的两栖工兵队。但这些工兵队在这紧要关头竟比预定滞后几分钟到达。那些在H时，即6时30分登上海滩的1000人无法与德军作战，只是为了生存而搏斗，不得不躲在混凝土障碍物之后以保命。

16个水陆两栖工兵队走在步兵后面，也损失惨重，丢掉了许多重要装备。有一队在登陆时被德军的一次机枪齐射全部打死，其余的工兵队也都暴露在德军火力之下。然而，工兵们很快组织起来，冒着弹雨，开始点燃一个个引信，爆破障碍物，排除地雷，为步兵开路。

最后，原定打开16条通路只完成5条；在奥马哈海滩的西段开辟了两条通路；在海滩的东段开辟出4条通路。遗憾的是在潮水上涨之前，只标出了一条通路。所以在下午退潮前，登陆艇不知道哪里是已开辟的通路，结果盲目涌上海滩，使得滩头一片混乱。

上午7时，第二波部队到达海滩，潮水刚刚靠近海岸的第一道障碍物，一小时后淹没了整个障碍区。部队找不到攻击的通路，在德军炮火的压制下，只得待在海滩。人车混杂，一片混乱，他们完全是第一波登陆的重演。

海岸上，登陆作战用的武器弹药堆积如山，器材和补给品抛的满地皆是。登陆艇的残骸艇头深陷海底，艇尾高高翘起露出水面。中弹的坦克还没发挥作用就冒出滚滚的黑烟，推土机也横着身体挡在障碍物之间。不知是哪个士兵的吉他，折成两段，在海面上漂浮。

形势极端恶劣，部分大兵以为是打败了。据第七四一坦克营的技术士官威廉·马克林特说，看见一个士兵蹲在海边上，根本不去理会那密如雨下的机枪扫射，只见他一面把石子投向海里，一面像失恋一样静静地低声啜泣。

就在失败的情绪中，布雷德利的好友，他在本宁堡步兵学校的同事诺曼·科塔准将随第二波登上了海滩。科塔作为副师长冷静地观察了形势，并

✪ 空中轰炸

在海滩上靠自己的无所畏惧的行为，鼓舞着士气。科塔准将向着海滩的士兵呼喊道："我们待在这里只有死路一条，不怕死的，冲啊！"众兵官应着长官的喊声，向德军的阵地冲去，登陆地点逐渐扩大。

从8时开始，驱逐舰向前进发，来到离海岸只有700多米的水面上，抵近对德军暗堡和支撑点进行猛烈射击。虽然岸上舰炮火力控制组还没有到位，但德军的火炮闪光就是目标，发现一个目标，就打掉一个目标。

这些驱逐舰把那些藏在悬崖上、暗堡里的德军火力点一个个打哑了、清除了。驱逐舰的大口径火炮起了大作用，打得越来越顺手，前边盟军的坦克向一块峭壁轰击，他们也马上掉转炮口，助一臂之力，进行猛烈射击。

有的驱逐舰发现德军在运动，调整阵地，炮火马上就跟了上去。盟军发现德军炮兵在一小村教堂塔顶端架起观察哨进行射击，驱逐舰立即以准确的炮火将教堂塔楼击毁，而未损坏教堂的其他部分。稍晚些时候，舰炮火力岸上控制组克服重重困难开始工作后，舰炮更是像长了眼睛一样，飞向德阵地。

那些重型战列舰由于排水量大，不能像驱逐舰那样进入水深5.5米的等深线上抵近射击，则由"喷火"式飞机进行空中校射。在这些飞机的指点下，德军大型火力点一个个"哑"了下来。这些海军舰艇，特别是那12艘驱逐舰不顾水浅、水雷、德军的炮火和其他障碍物，为海滩上的进攻部队提供了强大火力支援。这些勇敢的舰炮成了进攻部队仅有的大炮。

美军中经历过北非作战、西西里登陆等血腥考验的第一步兵师参谋长斯坦厄普·梅森对海军炮火给以高度评价，他说："我现在确信，是海军的火炮支援，使我们达到岸边的。如果没有海军炮火支援，我们肯定不能越过海滩。"美军第五军军长吉·杰罗当天夜里上岸建立他的指挥所后，在发给布雷德利的第一封电文就是称颂海军炮兵的："感谢上帝为我们缔造了美国海军。"

在舰炮火力支援下，科塔将军身先士卒率部队开始向设在峭壁上的德军阵地冲去。几十辆坦克也上了岸。但德军依然负隅顽抗，大概他们也知道这一仗是他们的末日了。

在突破峭壁的过程中，德军的反抗尤为强烈，子弹雨点般从峭壁各个工

事中倾泻出来，科塔每时每刻都认为他将牺牲，但在一次次殊死交战中死亡的子弹选中的是别人。

第一个被派出去突击目标的士兵，没有前进多远，就被重机枪火力打中，他大声尖叫："救护队，我受伤了，救命啊！"不一会儿，这士兵喊着"妈妈"两字一命呜呼。接着，科塔亲自带队冲了出去，其他人也紧随其后，但他们安然无恙。谢天谢地，是德军原先挖的狭长掩体救了他们，他们全都掉到这里来了。

虽然重机枪子弹打不到他们，但两英寸的迫击炮弹又像长了眼睛一样对着他们落了下来。两个士兵在离科塔一米远的地方被炸死了。这两个士兵是他的通信兵，背着沉重的无线电设备，看来，他们一行的显著特征早已成德国枪手的活动靶子。

从这里望出去，远处美国士兵们正在冲击，一伙人包围了一个散兵坑。美国士兵在冲击中靠近散兵坑时，一个德国兵从自己的散兵坑中跳起，扔出来一个手榴弹。美国士兵当即卧倒等手榴弹炸过后，他们收紧包围圈，把这个顽抗的德国兵消灭掉。

科塔终于走出了掩体，带领士兵继续向峭壁前进。路上，他们看到孤身一人的美国大兵押着5个德军俘虏从前面走下来。德国兵在枪口的威胁下高举着双手。呵，这是德军，终于看到了活的但已放下武器的对手，科塔周围的士兵们显然很高兴。

科塔终于率领美军第二十九师的部队攻克了峭壁守军，顺峭壁下的深谷深入到内地，把德军从附近的村庄赶了出去。在美军的强力增援下，从中午开始海滩的形势好转了。

至下午16时，登陆部队已开辟出5条大通路，6条小通路。下午17时，第二十九师指挥所、第一师指挥所都已建立起来。科塔在危急时刻成功地稳定了部队，扭转了滩头的局面，并勇敢地率领部队深入前线纵深地带。为此，他将从美国人那里获得一枚银星勋章和功勋十字勋章，从蒙哥马利那里将得到英国的二级最高勋章与登陆部队同时行动的还有攻占瓦胡角的3个别动连，

他们也遇到了想象不到的困难。在奥马哈西端海滩的延伸处，本身高出海面30多米，是矗立海滩边的悬崖。在H时之前，战列舰"得克萨斯号"曾以大口径舰炮对该处进行了猛烈轰击，但该阵地没有回敬一枚炮弹，一直未暴露其面目。

由于领航的错误，派去攻击该阵地的3个别动连直至早上7时5分才登陆。那时周围德军的火力支撑点已从炮火打击下恢复过来，别动队全副武装开始攀登悬崖，虽然有在近海的驱逐舰炮火支持，但德军火力也很强，攀登中伤亡很大。半个小时后，终于有150多人爬上了悬崖顶端。

令别动队员吃惊的事出现了，他们发现这是个假阵地。虽然炮架是真的，但炮管却是电线杆子，与这些别动队员殊死搏斗的则是那些没有火炮的炮手。

原来，德军配置在这里的6门155毫米大炮，由于加修暗堡已暂时转到了后方。炮手们留下来钻进了坑道中，他们既不怕飞机轰炸，海军舰炮也伤不着他们，他们还能从坑道中钻出来抵抗别动队的攻击。这些别动队战士们消灭了德军炮兵连的炮手，便立即向连接维叶维尔和格朗康的大路进击，并在那里建立了一个防御阵地。一直守到两天之后换防为止。

6月6日晚上，美国军医们登上了浴血奋战一整天的奥马哈海滩，海面上漂浮着死去士兵的尸体，海滩上死去的人和奄奄一息的人散布着，活着的人也杂于其间，若无其事地吃着阵亡者留下的军用食品。军医们冒着稀稀落落的枪声，把那些已经死去的和奄奄一息的人区分开来，从峭壁前的海滩和阵地上分别集中起来，送到海滨的道路上。

经一天的激战，美军总算在滩头上站稳了脚，到了当天晚上，虽然在德军据守的岸边所取得的立足点没有一处纵深大于1000米，距原定宽16千米，纵深五六千的目标相差很远，但毕竟把34000多人和3000多辆车辆送上了滩头。

美军为他们的敌情不明和强攻中特型坦克准备不足，付出了高昂代价，伤亡人数直至现在仍没有准确数字。但据可靠的资料分析，这个数字不低于

4000人，是犹他海滩的20倍。因此之故，奥马哈登陆也获得了"血腥奥马哈"的称呼。

当美军强攻犹他和奥马哈正值高潮时，英军也开始行动了。英军的登陆地段，共分为3个海滩：最西面的叫做"哥尔德"，登陆宽度5200米，海滩地形低平，基本上是高度不超过15米的沙质陡坡，德军也筑有许多防御工事和障碍物。在"哥尔德"海滩以东与之相距7200米的另一个海滩叫"朱诺"海滩。此滩位于塞尔河河口，海滩背后是沙丘，海滩工事不高，障碍物也少。守军大多是波兰人、俄罗斯人，无战斗力。担任主攻的是加拿大军队。

最东面的海滩叫"索德"，位于奥恩河和卡昂运河流入塞纳湾的入海口两侧。登陆区内海滩由礁石分割成几块，最宽的一块约4800米。登陆部队为保证不出差错，特别用Ⅹ·23型袖珍潜艇作为标志艇。

在这3个海滩中有暗礁和延续不断、起伏不平的地形，只能涨潮后趁潮水登陆，所以计划规定的H时要比美军两海滩的H时晚一个小时以上。这一个多小时可是有大用处。它可以使英国皇家海军的军舰利用白天准确地向英、加军队登陆的3个海滩进行两小时以上的准确射击，几乎是美国军舰炮击奥马哈海滩时间的4倍。再加上英国上千架重型轰炸机的"地毯"式轰炸，德军在3个海滩的防御能力受到很大削弱。

英、加两军的登陆部队为进攻海滩也做了充分准备。当年第厄普登陆就是他们打的，所以，他们对登陆上海滩后所能遇到的困难和问题都估计到了，并提出了相应的对策。

与布雷德利同样，指挥英军的蒙哥马利在登陆准备阶段也来到霍巴特将军建立起来的那个"坦克动物园"；与布雷德利不同的是，蒙哥马利很快领会了那些特殊坦克能在关键时刻起到关键作用。他知道现代战争只能靠现代装备去打，现代登陆战也要靠现代的登陆设备，他毫不犹豫把霍巴特发明的那些新"玩意"都订了下来，分配给登陆部队。这些东西在登陆实践中证明，要比美国人的人工排除障碍和地雷要有效得多。

在蒙哥马利的倡导下，登陆部队用于抢占滩头阵地重型装备也可以开一

个"机械展览会"了。英、加军队进攻尽管也遇到了一些意想不到的困难和德军的顽抗，但是那些装备发挥了作用。

登陆时，阵阵海风卷起巨浪向岸边奔腾而去，潮水出乎意料地涌上海滩，使常规的爆破分队无法工作，这时，扫雷坦克派上了用场。士兵上海滩时，德军和防御火力增强，又有新火力点出现，这第一波就跟上来的水陆两栖坦克的坦克炮发挥了威力。

有的特种坦克一上岸就发生了故障，这也不要紧，因为紧随第一波登陆的不仅有强占海滩的勇士，也有装甲兵工程师和特殊的维修车辆。正因为有如此周密的准备，英、加军队一离开登陆艇，踏上滩头，这全套助机械化设备就开始运转了。几个条件具备后，英、加军队攻占3个海滩极为顺利。

进攻哥尔德海滩的是英军第五十师，这个师就像平时的演习一样，打垮了毫无斗志的守备部队。一日内占据了宽9600米、纵深9600米的一大块区域，基本上按计划完成了任务，夺取了比较巩固的登陆场。英军损失轻微，只伤亡了413人。

朱诺海滩则由加拿大第三师攻取，他们是高潮水位时登陆，海滩上障碍物也比较少，特种坦克很快打通了10多条通道，部队进展很快。至D日傍晚前，加军的先头部队已深入内陆达十一二千米，有的装甲车已开到贝叶到卡昂的公路上，但因大部分步兵速度跟不上，这些装甲车只好退了回来。

至傍晚时，加军部队已推进到离卡昂西北的4.8公里处。加军的右翼已与英军第五十师取得了联系，两个登陆桥头堡联成一体，其登陆正面宽达19千米，纵深达10千米至11千米。加军当日损失人员961人。

在索德海滩地段，负责登陆的英军第三师。虽在登陆时，德军派出鱼雷艇骚扰和7架飞机扫射，但都没造成大的伤亡。在这个海滩，也是水陆坦克最先上陆，为后续各波步兵的进攻提供了强有力的火力支援。工兵突击扫雷，坦克和专门破坏水泥障碍物坦克，也都随水陆两栖坦克之后上岸。这些专门设备发挥了作用，英军在"索德"海滩的进展顺利、迅速。守军士气不高，无心恋战，没有顽强抵抗就败下阵来。

怒海翻腾

　　英军发现损失轻微，自己都感到惊讶，竟一时不知所措。他们本该毫不犹豫，迅速发展战果，乘胜追击，一举拿下城内没有多少守军的卡昂。可他们却停了下来，隐蔽到树林中休息，并准备就地掘壕挖工事，准备对付德军的反攻。结果丧失了当日攻占卡昂的大好时机。

　　至D日的傍晚，英军第三师已占据整个海滩，已深入内陆达6400米，夺取了贝诺维尔附近奥恩河上的桥梁，并与英军第六空降师会师。但卡昂城没有拿下来。本来唾手可得的城市，却让它漏掉了。5个星期后，卡昂才落入盟军

　　❤ 盟军登陆诺曼底后的繁忙情景

之手，蒙哥马利曾许诺的早日在卡昂附近建成盟军前进机场也推迟了。

6月6日，在早晨发起进攻的时刻，艾森豪威尔指挥所里绿色的保密电话铃声大作。最高统帅的随身秘书哈里·布彻跑进这间野外工作室，拿起听筒，原来这是空军上将利·马洛里打来的。

马洛里报告的全是好消息：

空降师850多架C—47型飞机中只有21架没有到达目的地。英国只损失了其400架飞机中的8架。整个战区至今为止只看见3架德国空军的歼击机，德国空军看来上了盟军反雷达干扰的当，把飞机全调到加莱去了。

布彻接完电话，兴致勃勃来到了艾森豪威尔的活动房中，把这些消息告诉了最高统帅。艾森豪威尔似乎松了一口气，但他尽力不表现出来。

上午8时以后，艾森豪威尔的指挥部得到了进攻各部队的战况汇报，整个情况是，"除了杰多将军指挥登陆的奥马哈海滩之外，其他海滩登陆行动都按预定计划执行"。

上午9时30分，艾森豪威尔似乎胜券在握，24小时前准备的那份声明，似乎没有发表的必要了，马上起草了一份完全不同的文告通过电台发表出去。

艾森豪威尔将军指挥下的盟军海军部队，在强大空军支援之下，今晨载运我盟军陆军各部队在法国北部海岸开始登陆。

6月6日中午时分，在英国议会下院，丘吉尔以其铿锵有力的声音讲道：

> 在昨晚和今天大清早的时候，我们已在欧洲大陆开始了一系列大规模登陆行动中的第一个行动。这次解放性进攻系以法国海岸为目标。
>
> 一支拥有4000艘以上船舰、连同几千艘较小的船只的庞大舰队，渡过了海峡。密集的空降着陆行动已经在敌人战线的后面成功地实现了。此时正在各个地点进行海滩登陆行动。

战地报告正迅速地源源不断送到，参与作战的司令官报告称：一切都在按着计划进行中……一次真正的战术突袭，已完全胜利在望……

至6月6日晚上，盟军摧毁并越过了"大西洋壁垒"。自敦刻尔克大撤退后，盟军准备4年之久的远征欧陆之战，首战告捷。整个海滩除奥马哈外，都建立了巩固的登陆场，整个登陆正面达到50千米。除奥马哈与犹他海滩之间还有一个12千米宽的空隙，其余海滩几乎连成一片。

盟军在6日一天内，从空中和海上已把13万余人运上诺曼底海岸，几千辆车辆上岸，几千吨军事器材和补给品在诺曼底堆积如山。盟军第一天战斗死伤和失踪达9000人左右。

尽管在有些地方盟军的立足点还未稳，但北非战役失败后，被希特勒派在这里任法国防区总指挥的隆美尔，想在岸边滩头就把盟军赶下海去的战略彻底失败了，留给隆美尔打败盟军，报效希特勒的机会已不多了。

盟军终于
占领诺曼底

1944年6月6日零时以后，塞纳河上拉罗什·吉荣的B集团军司令部，隆美尔不在，由其参谋长斯派达尔主持工作。头一天晚上因接待客人，直至1时，参谋长才就寝。也就是在这时以后，盟军空降袭击已经开始，各种情报纷至沓来，这些混杂的情报传递着不祥的征候。

1时35分，防守诺曼底的第七军团参谋长来电话叫醒了斯派达尔，军团参谋长说他已让部队处于戒备状态。又过了一段时间，驻法国德军海军基地的测听单位，已经听到整个登陆海岸似乎有大船队运动的声音，海军克朗凯将军把消息通告给B集团军司令部。

大约在3时40分钟，第七军团参谋长贝姆塞尔又抓起电话，向斯派达尔大声说道："敌人的舰队已在比尔河和奥恩河口之间集中，敌军的登陆和诺曼底的大规模攻击，就要到来了。"

凌晨3时50分，龙德斯泰特驻在巴黎的参谋长勃鲁门特里特将军也同样转达了贝姆塞尔的意见："进攻地段的宽度表明，这完全不是一次局部的军事行动。"

早晨4时30分，贝姆塞尔又来电话报告说，他的炮兵已向敌舰轰击。早晨5时15分，在一架坠毁的滑翔机里找到一份卡昂地图，从而确切表明盟军大规模进攻的意图，因到达卡昂绝非小规模部队之能为，非要有移山填海之大部队进攻不可。贝姆塞尔据此情况再次向其上司斯派达尔打电话指出，根据这个事实说明，这是"一次大规模的进攻"。

早晨5时40分，斯派达尔打电话给贝姆塞尔问："真的有部队从海上登陆

了吗？"贝姆塞尔说现在还没有。

事实上，前一天德国海军参谋部已经指出，登陆可能在天大亮以后。破译的无线电报也表明，盟军5月4日的大规模登陆演习就是选在低潮时刻，在光天化日下进行的。

早晨6时15分，贝姆塞尔又抓起电话，以惶惶不安的声音向斯派达尔报告，盟军海军已从5时30分开始向诺曼底各海滩发动大规模轰击。他认为盟军的登陆就要开始了。可斯派达尔对这一切根本不予承认，反倒提出了很有说服力的论据，说"这不是真的进攻，而是一种佯动攻势"。结果，已被敌情搞得精疲力竭的贝姆塞尔，在第七军团的日记里写下了与他先前骇人听闻但都正确无比的看法完全相反的话：海军轰击的目的还不显著。总的来讲，这好像是为配合以后在别处的进攻计划而实施的一次附加作战行动。

❖ 诺曼底登陆（浮雕）

6月6日，凌晨4时。在巴黎郊区圣日耳曼昂莱的德国西线总司令部的地下室里，电话铃声不断。一份份敌情通报从第七军团、第十五军团、海军、空军B集团军飞来。

龙德斯泰特和他的参谋们经谨慎研究，一致认为目前的诺曼底攻击，还是"佯动攻击"而不是真正的登陆作战。龙德斯泰特的情报官冯·罗恩纳上校把这一结论通报给斯派达尔的情报官，明确说："这还不是主要的进攻，主要进攻以后将在第十五军团那里展开。"

不过，对这"佯动攻击"，龙德斯泰特也很重视，他迅速采取行动，命令把两个有力的坦克师：第十二党卫装甲师和李赫装甲师紧急向诺曼底海岸调动，这两个师是德军的精锐装甲部队，作为预备队驻扎在巴黎附近。

本来，这两个师是只有希特勒本人才能调动。此时，龙德斯泰特愿意承

担一切后果，毅然下令调动，他认为希特勒不会否决他的命令，同时，他备文发电报向希特勒正式请求使用这两个师投入到诺曼底战线。

电波飞往贝希特斯加登，这个德国巴伐利亚州上萨尔茨堡附近的小镇，它隐藏在阿尔卑斯山脉中，风光绚丽，气候宜人，是德国达官贵族、商贾巨头建别墅的好地方。

希特勒作为国家元首自然也不例外，他的别墅就在小镇附近的高山上，其名叫"伯格霍夫"，意为高山城堡。这里是希特勒每年都要光顾几次的度假胜地，自从东普鲁士的"狼穴"大规模整修以来，他几乎是长住在此，这是他发号施令的又一个"大本营"。

清晨，设在贝希特斯加登的希勒斯司令部中，依然不见什么紧张气氛。法国拍来的电报已经送到统帅部参谋长约德尔元帅的办公室里。约德尔还在睡梦中，值班参谋认为形势还不到足以妨害元帅睡眠的程度，稍后答复龙德斯泰特也不晚，也就没有马上唤醒约德尔。

在离贝希特斯加登5000米的高山别墅——伯格霍夫小村庄里，希特勒和他的情妇爱娃·布劳恩听完舒伯特的音乐后已是清晨4时了，希特勒照例服用了一片医生莫勒尔配制的安眠药。

他的将军和参谋们认为法国海岸天气恶劣，盟军不可能登陆，当他睡下时，压根不知道，历史上从未聚集过的最大规模舰队已经到达了诺曼底海岸。就在德军最高统帅部里，谁都没有想到，战争的决定性时刻已经到了。

6月6日凌晨5时，住在伯格霍夫的希特勒海军副官普特卡马将军，被约德尔参谋长办公室的电话铃声惊醒，电话中传来："法国已经发现不知哪一类性质的登陆，但是详情不明。"

在电话中讨论了一阵，决定还是不必唤醒希特勒。据普特卡马回忆：

尽管他们说的是如此严重，不过如果这个时候把希特勒唤醒，他必然照例大发一顿神经，最后下达一个莫名其妙的决定，报告还是早晨再说。

早晨到了，山庄里依然和往日一样平静，低云笼罩着山庄，各种鸟在不知疲倦地叫着。但山下的参谋长办公室里开始热闹了，参谋长约德尔将军已经起床，正在研究诺曼底登陆作战初期报告，他依然认为形势并不严重。

统帅部副参谋长瓦里门特将军又打来电话说："龙德斯泰特又来电要求使用装甲预备部队，希望尽早向登陆作战地区移动。"

后来，瓦里门特回忆道：

> 约德尔对西线总司令的申请，默默考虑了很长时间后，问我："你绝对相信前方的情况吗？不过我却认为这不是登陆作战，现在也不是运用预备队的时机，势必要待形势进一步判明之后，才能动用预备队。"

于是约德尔打电报给龙德斯泰特和斯派达尔，指责他们擅自动用装甲预备队，并命令他们让这些部队立即停止前进。他还说，从登陆地点以及恶劣天气看，攻击诺曼底只不过是在声东击西，他并且预言："主要登陆点很可能是在一个完全不同的地方。"

在伯格霍夫，希特勒一直睡到10点多。早餐过后，约德尔向希特勒报告了诺曼底的形势，及他采取的阻止龙德斯泰特调动装甲预备队的措施。希特勒似乎没有表示异议，并认为盟军进攻诺曼底只不过是"佯动措施"，意在掩护主攻方向的盟军活动，希特勒认为只有待形势进一步明朗之后，才能动用装甲预备队。

希特勒太相信手下情报官员们提供给他的信息了，西方陆军外军处提供的盟军在英国的数字已深扎在他的脑海里：

> 在英国领土上整装待发的英美师团总数，从5月初开始，增加了从美国派来的3个师，这样，至5月15日，大约有56个步兵师、3个步兵独立旅、7个空军师、15个装甲师和14个坦克旅。敌

军在英伦三岛南部和东南部集结越来越明显。

又有一份《关于西线形势的报告》送到了希特勒的手中，这是他的情报军官们6月6日上午提供的，报告说：

诺曼底登陆只动用了一小部分后备部队。一切迹象表明，今后会有更大的行动。其理由是拥有将近25个主力师的美国第一集团军群没有任何一支部队参战，这清楚证明敌人策划在英吉利海峡搞一次更大规模的行动，很可能是对加莱海峡的沿海地区。

希特勒看到这些材料，一直信以为真，当他看到巴顿那个"第一集团军群"仍然按兵不动时，更加坚信大规模登陆会在加莱进行。盟军"刚毅"计划收获丰硕成果。所以中午时分，希特勒还心情轻松地驱车一个小时来到克勒斯海姆城堡，设宴招待匈牙利新任总理多姆·索杰伊。席间，希特勒笑容可掬，几乎是谈笑风生，气氛俨然不像在战争中。

直至下午14时以后，希特勒头脑中的神经不知怎样突然被触动，他作出决定，同意龙德斯泰特调动驻扎在巴黎和卡昂之间的党卫军第十二装甲师和驻扎在夏尔特尔和卡昂之间的李赫装甲师，但仍然不准调动近在咫尺的第十五集团军的一兵一卒。

命令传到两个装甲师时，已经是下午16时了。与早晨相比，笼罩在诺曼底乡间的晨雾早已散尽，在晴天白日中，盟军歼击机已成为诺曼底上空的主宰，党卫军第十二装甲师一路上遭到盟军飞机的猛烈轰炸，损失惨重，直至第二天早晨9时30分，前锋部队才抵达战区。

而李赫装甲师到达的更晚。该师一路上曾遭多次空袭，损失了85辆装甲车、5辆坦克、123辆卡车，其中包括80辆油罐车。该师要经过修整才能上阵。

在D日这一天，本来可以有3个满员装甲师参与对盟军的反击，结果到头

来，上阵的不到一个团，即驻扎在卡昂附近的第二十一装甲师一部分。德军取胜的机会，悄悄溜走了。

6月6日，赫尔林根。

隆美尔正在家中操办着露西的生日。通常，隆美尔起得很早，以便收听新闻，随后是洗澡刮脸；穿戴完毕后，直至9时左右，露西端上可口的饭菜，便全家在一起进早点。

然而，今天却不同。这一天是妻子露西的生日。早起后，隆美尔没顾得上听广播，就开始布置房间。别墅内摆满了鲜花，最鲜艳夺目的一束是隆美尔头一天亲自选择预定的，放在最显眼的位置上；客厅的桌子上放着各种礼物，自然隆美尔从巴黎专门带来的那双鞋也在其中。

隆美尔身穿一件红颜色的条子花睡衣、趿着拖鞋，心满意足地摆放着这些礼物，只见他把那双鞋从盘子中抽出来等待露西进来后，让她试一试，看合不合脚。

约在10时15分，门外有人敲门，女仆卡诺丽娜走进屋来说："隆美尔元帅，电话找你！"隆美尔满以为是希特勒的海军副官普特卡马将军从贝希特斯加登的伯格霍夫山庄来电话，他昨天曾来电话说，元首今天可能有时间接见隆美尔。隆美尔大步流星来到会客室拿起听筒。

电话是他的参谋长斯派达尔从拉罗什·吉荣的集团军司令部打来的，内容是关于盟军今晨登陆作战的完整报告。隆美尔的脸上顿时失去了血色，他以十分沉重的心情听取这个忧心的消息。对方讲完后，他一时无以回答，过了一会儿才说："我马上就回去！"

隆美尔明白，这已经不是"第厄普型打了就跑的奇袭"，而是关系德军乃至德国生死存亡的大搏斗，也是他早就在等待的那"最长的一天"。可惜的是，他在战争决定性的时刻不在现场，他的军人直觉告诉他，此刻赶回战场太晚了，战争的胜负之属，按他的战略方针，在进攻的第一天的24小时就可决定了。错过了时间，就再也追不回来了。

6月7日，登陆日的翌日。

　　蒙哥马利乘驱逐舰"福克纳号"越过英吉利海峡，来到诺曼底。在卡昂以西10多千米的克鲁利建立起战术指挥部，代表艾森豪威尔统一指挥英美两国的地面部队。他眼下的任务是扩大滩头阵地，使其左翼足以容纳加拿大的一个军，右翼能容纳巴顿的部队。

　　当天下午，身为最高统帅的艾森豪威尔，在海军司令拉姆齐的陪同下，乘坐皇家海军"阿波罗号"快速布雷舰驶出朴次茅斯海军造船厂到诺曼底视察。艾森豪威尔挨个走访了蒙哥马利、布雷德利以及各登陆编队的司令们。视察后，他认为，美军应集中力量先堵住犹他和奥马哈两处海滩的登陆部队在卡朗坦留有的缺口，而不要急于夺取瑟堡。

　　英、加军队在蒙哥马利指挥下，在攻打卡昂失败后，也转入巩固登陆场的工作之中，经几日激战，打退德军装甲师的反扑，陆上登陆场已渐趋巩固。

　　6月9日，已返回诺曼底的隆美尔断定，把盟军消灭在登陆场上的机会已经丧失了，于是决定："在维尔河，奥恩河之间采取守势"。

　　6月12日，美军夺取卡朗坦，登陆场上的唯一缺口已经堵住。至此，盟军已在诺曼底地区建立了正面宽80千米、纵深达13千米至19千米的巩固登陆场。登陆场连成一片，有两个大型人工港口作为支撑，每日有源源不断的武器装备和新的师团上岸。仅一周内，共有32.6万人、5400部车辆和10余万吨物资上陆。

　　6月17日，希特勒见西线日渐危险，赶忙乘飞机亲自到西线指导。他抵达法国的苏瓦松，召来了龙德斯泰特和隆美尔。这是1941年后希特勒首次到西线。在离诺曼底300千米之外的苏瓦松地下指挥所里，希特勒坐在一个矮木凳上，听取西线指挥官的汇报。

　　两位元帅请求希特勒毫无保留地放弃整个瑟堡半岛代价高昂而又僵死的防线，有秩序地撤入港口和要塞。希特勒没有争辩就同意了，这标志着德军把盟军消灭在登陆场的打算彻底失败了。

　　不过希特勒并不想把港口和要塞拱手交出，他要求隆美尔选派"特别能干"的指挥官，"尽可能长时间地守住要塞"，他要求德军在哪里站着，就

在哪里倒下，要不惜代价，坚守瑟堡。

希特勒回天乏术，美军几天后开始强攻瑟堡，虽然守将施利本率众顽强抵抗，但在美军3个师的压力下仍然寡不敌众。6月24日，德国统帅部空投的一批铁十字勋章也没能挽救瑟堡陷落的命运。6月26日，守将施利本见大势已去，便率部30000多人投降了事。

夺取瑟堡后，盟军的后勤供应有了保障。诺曼底东部蒙哥马利拖住了大批德军部队，美军能腾出手来，实施原来制订好的"转动车轮"的战术，给隆美尔以沉重一击。

此时，该巴顿出山了。从登陆日开始，一直滞留伦敦当那个"第一集团军群"假司令的巴顿就坐卧不安了，随时准备出发。可整个6月份过去了，他仍在海峡的那一边，只是在梦中才能和炮火连天的战场相会，他受不了这份煎熬，不止一次地吵吵嚷嚷："要么让我上战场，要么我就回美国。"

7月6日，这位命中注定不甘寂寞的人终于抵达法国。他的飞机上午在奥马哈海滩的机场上摇摇晃晃停了下来。他下得飞机，就走到了欢迎他的几百名战士中间，当时，他身背带皮套的手枪，没有任何其他醒目的东西，一副突击队员的形象。他说："我为能在这里与你们并肩作战而感到骄傲。让我们把那些德国佬掏肝挖心，打个落花流水，直捣柏林，我要亲手打死那个纸糊的该死的希特勒。"

几周后，巴顿领导的美国第三集团军成立。8月2日，巴顿出动了。他驾驶着自己的轻型飞机在布列塔尼战线300米上空，同他的步兵"肩并肩"地向前冲。

当英军第二集团军和美军第一集团军继续牵制和围歼诺曼底的德军时，第三集团军的金戈铁马已越过雷恩，横扫布列塔尼半岛，打开了驰骋法国的大门，很快巴顿的名字出现在西方报纸和电台的头条新闻中。

自此以后，各路盟军开始大规模进攻了。

怒海翻腾

东南欧大解放

　　东南欧即欧洲的东南部分，地处欧洲和亚、非两洲的交接处，濒临黑海、爱琴海和亚得里亚海，包括罗马尼亚、马其顿、保加利亚、阿尔巴尼亚、希腊等国，具有极其重要的战略意义。进入1944年，德国已陷于苏联和英、美盟军的多面包围之中，因此，被德、意轴心国占领的东南欧国家的解放指日可待。

苏军攻克
基什尼奥夫

　　德军在巴尔干局势的调整，对苏军大为有利，尤其到1944年8月，情况更是明了，这主要表现在以下几个方面：

　　德军南翼削弱，为了恢复在白俄罗斯和乌克兰西部地区的防御，德军统帅部从南乌克兰集团军群向苏德战场中央地段抽调了12个师，其中包括6个坦克师和一个摩托化师，从而使德军的南翼大为削弱。

　　在苏军胜利的影响下，巴尔干地区各国共产党和工人党领导的反法西斯斗争进入高潮，特别是在国内政治形势日趋尖锐的罗马尼亚，反法西斯运动此起彼伏，空前高涨。

　　在布加勒斯特、普洛耶什蒂和其他一些城市，根据共产党的倡议成立了武装的战斗小组，并在当地共产党的领导下，开展了一次次坚决的规模不等的反法西斯斗争，对德国的法西斯统治起到了不可忽视的动摇作用。

　　罗马尼亚人民反对压迫者的斗争，目标越来越明确，组织越来越严密。1944年5月，在共产党的努力下，共产党和社会民主党结成了工人统一阵线，6月22日，又就成立民族民主联盟问题达成协议。资产阶级的国家保皇党和国家自由党，同共产党和社会民主党一起参加了这个联盟。罗马尼亚共产党同资产阶级政党结成同盟，旨在联合全国一切力量，与希特勒和安东尼斯库法西斯政权进行顽强的斗争，直至取得最后的胜利。

　　在兵力兵器对比方面，苏军具有明显的优势。由于罗马尼亚是德国所需石油的主要供应国，也是其粮食和人力资源的重要来源，还是通往巴尔干的屏障。

因此，尽管德国处于困境之中，却仍在罗马尼亚保留着强大的军队集团，计47个师和5个旅，其中包括3个坦克师和一个摩托化师。第一航空队的部分兵力和罗马尼亚的航空兵军负责支援该集团的行动。

德军的基本兵力，即德国第六集团军的74个师在基什尼奥夫突出部担任防守。为了做好抗击苏军进攻的准备，德军构筑了完备工事，纵深梯次的防御体系，但德军的防御同时也还存在诸多严重弱点。例如，其战役预备队没有多少坦克兵力；战斗力最强的部队都集中配置在基什尼奥夫突出部，而突出部的根部则由战斗力不强的罗马尼亚军队担任防守；战役纵深的预设防御地区也没有任何部队防守。

苏军最高统帅部正确地判断了所面临的情况，决定在雅西和基什尼奥夫地区实施一次大规模的战略性进攻战役。雅西-基什尼奥夫战役的意图是：粉碎雅西-基什尼奥夫地域的德军集团，迫使罗马尼亚退出与法西斯德国结盟的战争。

苏军坦克（模拟场景）

为了消灭对手，苏军最高统帅部决定投入由马利诺夫斯基大将和托尔布欣大将指挥的乌克兰第二和第三方面军，以及由奥克佳布里斯基海军上将和戈尔什科夫海军少将指挥的黑海舰队和多瑙河区舰队。苏军最高统帅部大本营代表、苏联元帅铁木辛哥负责协调两个方面军的行动。

苏德双方兵力兵器对比，苏军具有明显的优势：兵力之比为125万比90万，1.4倍于德军；火炮之比为16000门比7500门，2.1倍于德军；坦克和自行火炮之比为1870辆比400辆，4.7倍于德军；飞机之比为2200架比810架，2.7倍于德军。

苏军士兵抵抗侵略者（俄二战博物馆模拟场景）

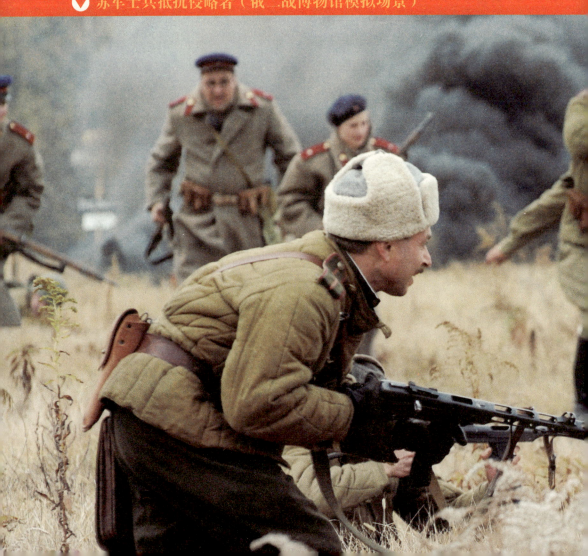

苏军对德军南乌克兰集团军群主力形成了强大的包围态势，士气高昂。所有这一切，为苏军实施大规模的具有战略性进攻战役——雅西-基什尼奥夫战役提供了可能。

苏军最高统帅部大本营根据各方面军司令员的建议制订的战役意图是：

在相距甚远的雅西西北和宾杰里以南两地段同时突破敌防御，向胡希、瓦斯卢伊和费尔丘地域沿向心方向发展进攻，合围并歼灭南乌克兰集团军群主力，尔后向罗马尼亚腹地高速发展进攻。

雅西-基什尼奥夫战役计划分两个阶段进行。

第一阶段，8月20日至25日，乌克兰第二方面军的第一梯队各集团军突破德军防御，并与乌克兰第三方面军会师。计划规定的进攻速度：步兵每昼夜20千米至25千米，快速兵团每昼夜30千米至35千米。

第二阶段，8月26日至29日，企图在合围对外正面向福克夏尼方向追击德军，并在乌克兰第三方面军协同下消灭被围集团。

175

　　乌克兰第三方面军进攻战役的第一阶段计持续七八天，其任务是突破德军防御，围歼雅西-基什尼奥夫德军集团；第二阶段则向列尼、伊茨伊尔方向追击德军。各集团的指挥官，亲临战场，根据战役企图加强兵器，给各兵团下达了任务。

　　乌克兰第二方面军受领的任务是：突破雅西西北德军防御，占领胡希、瓦斯卢伊和费尔丘等城市，夺取普鲁特河的渡口，在乌克兰第三方面军协同下粉碎雅西-基什尼奥夫地域的德军集团，防止该德军向巴拉德、福克夏尼撤退。最后，方面军应向福克夏尼方向实施进攻，以便可靠地掩护突击集团指向喀尔巴阡山一侧的右翼。

　　黑海舰队受领的任务是：对乌克兰第三方面军的滨河翼侧实施火力支援，破坏德军近海交通线，摧毁德军舰艇，并使用航空兵对康斯坦萨和苏利纳基地实施密集突击。

　　多瑙河区舰队受领的任务是：

　　向阿克尔曼西北及其以南输送登陆兵，配合乌克兰第三方面军强渡多瑙河。

　　为了更好地对被德军占领的地区实施军事打击，使用集团军和火箭炮群在集团军的主要进攻方向上配合，是一项很有必要的措施。许多师建立了支援步兵的炮兵群，团建立了迫击炮群、直瞄火炮群，在有些情况下还建立了团炮兵群。

　　在突破地段上，火炮密度达每千米正面240至280门，其中包括30至50门直瞄火炮和部分迫击炮。

　　为了隐蔽进攻准备和突击集团的真正集结地域，各方面军均采取旨在迷惑敌人的欺骗措施：模拟坦克和火炮的集中、军队的调动、突破的准备等，并以重炮火力破坏德军永备发射工事。隐蔽了位于基茨坎登陆场的真正的突击集团，同时在基什尼奥夫方向建立了假的军队集团，并对假集结地域派高炮和航空兵进行掩护。结果，德军统帅部和南乌克兰集团军群司令部错误地判断了苏军实施主要突击的时间和方向。

8月19日，战斗的进程仍在继续之中，通过军事侦察，苏军摸清了的防御部署，仍然保持着原来的态势。8月20日，苏军经过炮火准备后便发起了雅西-基什尼奥夫战略性进攻战役。乌克兰第二方面军第二十七集团军在3小时内便突破德军主要防御地带，中午强渡了巴赫卢伊河，突破第二防御地带。

一小时后，第五机械化军也投入交战。该集团军的突然出现使德军震惊不已，苏军坦克兵利用这一有利态势，迅速前出到沿马雷山构筑的德军第三防御地带。

乌克兰第三方面军的进攻也很顺利。当天，第三十七、第四十六、第五十七集团军突破了德军主要防御地带，向纵深推进12千米，在某些地域楔入了德军第二防御地带。战役第一天，两个方面军推进10千米至16千米，德军损失9个师。

8月21日，在第二十七集团军粉碎德军顽强抵抗后，就立即与第六坦克集团军和航空兵协同，进行了夺取马雷山第三防御地带的战斗。第五十二集团军利用当天进入交战的第十八坦克军的战果，击溃了德军，中午解放了雅西市。

这时，近卫第七集团军在第二十三坦克军的配合下占领了特古伏鲁莫斯市。经过两天战斗，乌克兰第二方面军突破德军40千米深的三道防御地带，形成了迅速追击和合围德军第六集团军的有利态势。

乌克兰第三方面军打退德军步兵和坦克的反突击后，经过两天战斗，推进近30千米，把突破正面扩大至95千米。空军第五、第十七集团军出动飞机6350余架次，有力地支援了地面部队的作战行动。

为了以最快的速度歼灭全数凶蛮的德军，8月21日傍晚，最高统帅部大本营下达命令：各方面军尽快在胡希地域封闭合围圈，歼灭德军集团，以开辟进至罗马尼亚主要经济政治中心的道路。

8月23日，乌克兰第二方面军第六坦克军前出到伯尔拉德地域，第十八坦克军打响了夺取胡希的战斗。当天，乌克兰第三方面军近卫第四军和第七机械化军已前出到普鲁特河渡口，完成了正面向东北的防御。

次日，第五十二集团军和第十八坦克军解放了胡希，并前出到普鲁特河，

在那里与乌克兰第三方面军的部队会师。德军25个师有18个师陷入合围。

至8月24日，苏军已推进到距被围德军85千米至100千米处。而此时，乌克兰第三方面军左翼与第四十六集团军与近卫机械化第四军部分兵力和强渡德涅斯特河湾的登陆兵合兵一处，在航空兵和黑海舰队、多瑙河区舰队的舰艇支援下，合围了罗军第三集团军，并没有遭到有效的抵抗。没过多久，该集团军很快就投降。

至8月27日日终前，在普鲁特河以东被围的德军集团也停止了抵抗。苏军两个方面军同时向布加勒斯特和伊茨梅尔方向发展进攻。

8月26日，摩尔达维亚苏维埃社会主义加盟共和国全境解放。8月27日，福克夏尼筑垒地域被突破。

至8月29日，乌克兰第三方面军解放了加拉茨、布斯伊拉、康斯坦察和苏利纳等市，雅西-基什尼奥夫战役宣告结束。至9月3日，被围德军零星集群被彻底肃清。

通过8月20日至9月3日的作战，苏军共歼敌22个师，其中含被围的18个师，消灭了第一线罗军的几乎全部师，使敌军遭受重创。苏军则向纵深推进320千米至350千米，进入了罗马尼亚内地，向保加利亚方向挺进。

南斯拉夫
黎明前的决战

　　苏军在雅西—基什尼奥夫战役中，击溃了德军南乌克兰集团军群，从而使罗马尼亚和保加利亚获得解放。苏军进入捷克斯洛伐克、匈牙利境内并进抵南斯拉夫边境。巴尔干半岛的形势发生了剧烈变化。鉴于在南斯拉夫、阿尔巴尼亚和希腊的交通线面临严重威胁，德军统帅部被迫于1944年8月26日命令所属兵团从希腊北撤。

　　战果的扩大，更加坚定南斯拉夫人民必胜的信心，此后的解放斗争活动空前高涨，人们怀着对法西斯的仇恨，拿起武器给予了其一次又一次的重创，从而使广大的地区获得解放。

　　南斯拉夫人民解放军在与国内外敌人的严酷斗争中不断成长、壮大，至1944年9月，已拥有15个军、两个战役集群、16个独立步兵旅和130支游击队，共约40万人。他们斗志昂扬，而且富有战斗经验，颇有战斗力。

　　与此同时，南斯拉夫共产党人还领导人民群众在解放区进行了重大的政治和社会改革，在各族人民行使民主权利的基础上，建立了中央和地方各级人民政权。

　　然而，直至1944年9月前，南斯拉夫所有重要城市、主要铁路和公路仍被德国所控制。德军魏克斯元帅指挥的F集团军群，继续在南斯拉夫土地上肆虐，南斯拉夫境内的德军总数近至50多万人。

　　1944年9月底，苏联元帅托尔布欣指挥的乌克兰第三方面军进抵保南边界维丁地域；而南面，保加利亚第一、第二、第四集团军在皮罗特到保加利亚、南斯拉夫和希腊三国交界处的正面上展开。苏军已有可能对南斯拉夫人

民解放军反抗德国侵略者的斗争提供直接的军事援助。

直至1944年秋天，苏、南军队合力对驻塞尔维亚的德军，特别是在贝尔格莱德方向的德军实施决定性突击的条件已经成熟。参加贝尔格莱德战役的苏、南、保三国军队，此时已发展壮大。火炮和迫击炮4000门、坦克和自行火炮400架、飞机约1300架、作战舰艇约80艘。

而其中，苏军方面参加战役的有：乌克兰第三方面军所属第五十七集团军、空军第十七集团军、近卫第四机械化军，第二三六步兵师、第五独立摩托化步兵旅、近卫筑垒地域以及多瑙河区舰队，总计火炮、迫击炮和火箭炮多达350门、坦克和自行火炮350多辆、飞机1200余架、作战舰艇约80艘。

而乌克兰第三方面军的基本兵力，即第五十七集团军、近卫第四机械化军由拉杜耶瓦茨、库拉、维丁地域向贝尔格莱德总方向实施主要突击。

乌克兰第二方面军所属第四十六集团军近卫第十步兵军和空军第五集团军一部，配合乌克兰第三方面军的行动。

南斯拉夫方面参加战役的有：第一集团军级集群，第十三、第十四、第十五、第十六军；保加利亚方面参加战役的有：第一、第二、第四集团军。

与苏、南、保三国作战的敌军有：大约15万人，火炮和迫击炮2130门、坦克和强击火炮125辆、飞机352架。

双方兵力兵器对比，苏、南、保三国军队居优势地位。苏、南、保三国军队的兵力比敌军多3.4倍，炮兵多1.1倍，坦克和自行火炮多2.4倍，飞机多2.6倍。

南斯拉夫为了加速解放塞尔维亚，其人民解放军最高统帅铁托命令南斯拉夫人民解放军的7个师开赴塞尔维亚，以加强正在那里作战的军队集团。

然而尽管南军英勇善战，终究由于重型武器上的缺乏而未能彻底地从自己的疆土上把德军赶出去。

铁托认为：

若苏联红军与南斯拉夫人民解放军共同作战，不仅能取得重

大的军事效果，而且将大大加强南斯拉夫各族人民的解放运动。

与此同时，苏军最高统帅部也认为，要加速解放塞尔维亚，必须在贝尔格莱德方向进行大规模的进攻战役。

1944年9月的头几天，铁托通过苏联驻南斯拉夫军事代表团向其国防委员会转达希望红军开进南斯拉夫的请求。9月中旬，铁托和斯大林在莫斯科举行谈判，就苏军大兵团进入，以便与南斯拉夫人民解放军一起解放南斯拉夫东部地区和贝尔格莱德问题达成了协议。关于苏联为加强南斯拉夫人民解放军而扩大援助问题也作出了决定。同时规定，在驻有苏军的地区仍由南斯拉夫人民解放军委员会民政机关进行管理。

9月23日，南斯拉夫和保加利亚两国军队指挥部代表在马其顿举行了会晤。双方商定，两国军队将在马其顿地区对德军进行联合作战。贝尔格莱德战役计划是苏军乌克兰第三方面军指挥部拟制的，并于1944年10月1日经苏联最高统帅部大本营批准。大本营命令苏军于1944年10月13至14日发起战役。

另外，苏军还有针对性地进行了党政工作，重点是向全体指战员指明，在南斯拉夫复杂的山地、

苏军最高统帅斯大林像（油画）

森林地条件下进行战斗任务，必须做好周密的准备，因为德军在这里对居民地和道路枢纽的防守尤为顽强。

苏军通过口头宣传和报刊等媒介表达苏联人民对南斯拉夫各族人民的深厚情谊和崇高敬意，阐述南斯拉夫爱国者开展人民解放斗争的情况及其顽强不屈的精神风貌，同时着重指出对南斯拉夫人民解放军指战员和广大居民援助的必要性。

方面军和集团军的报刊登载了附有地图的关于南斯拉夫的历史资料和苏联军人必须了解的南斯拉夫概况。苏联教育军人尊重南斯拉夫人民。由于即将越过南斯拉夫边界，乌克兰第三方面军政治部还印发了官兵注意事项。

苏军及时完成了战役前的各项准备工作，实施战役的一切必要条件已经完全成熟。

德军为防守其占领区也做了相应的准备。德军指挥部下达的任务是：坚守德军从希腊撤退时必经的主要交通枢纽，特别是要扼守萨洛尼卡至贝尔格莱德的铁路。为了守卫这条铁路，德军动用了所有的战略预备队。

从驻扎在南斯拉夫境内的F集团军群中将塞尔维亚集团军级集群抽出，并把5个师的某些部队增拨给该集群。这个集群的任务是，严密掩护南斯拉夫东部边境，并可靠地保障德军从巴尔干半岛南部撤退。

在德军方面，坚守防御是当前唯一的举措，这样，德国的指挥部经过多方面考虑，纠集军队以阻挡苏军的进攻是个不错的主意，因此，德军于9月25日在多瑙河弯曲部、土尔努-塞维林地域向乌克兰第二方面军的各兵团实施猛烈攻击，迫使其退却。德军进抵多瑙河后，使在多瑙河对岸的苏军第七十五步兵军受到严重威胁。

为了对右邻的友军实施支援，乌克兰第三方面军司令员决定，不等第五十七集团军集结完毕，即于9月28日以第六十八步兵军对德军实施反突击，并与乌克兰第二方面军第四十六集团军第七十五步兵军协力歼灭该部德军。

为此，苏军最高统帅部大本营将第七十五步兵军编入第五十七集团军内，并命令乌克兰第三方面军击溃在讷果廷地域的德军，占领多尼一米拉诺

瓦茨和扎耶恰尔地区。

9月28日,第五十七集团军转入进攻,开始实施贝尔格莱德战役。该集团军在航空兵支援下突破德军边境防御地区,越过东塞尔维亚山脉,于10月8日进抵摩拉瓦河,并从行进间强渡了该河,在西岸夺取了两个登陆场,保障近卫机械化第四军于10月12日进入交战。

集团军向南斯拉夫腹地推进130千米,多瑙河区舰队对进攻的苏军实施了支援,可靠地保障了第五十七集团军右翼,并担任军队、技术兵器和各种物资的输送。

友邻的行动也进行得异乎顺利。右邻第四十六集团军第十军在贝尔格莱德东北40公里宽的地段进抵多瑙河,以一个师的兵力会同南斯拉夫军队所属部队强渡了该河。左邻保加利亚第二集团军已逼近尼什、莱斯科瓦茨。

尔后,乌克兰第三方面军与南斯拉夫人民解放军第十四军协同发展进攻,切断了德军在摩拉瓦河河谷的主要交通线。原来在贝尔格莱德东南方作战的德军本想窜回贝尔格莱德与守备军队会合,以加强对该城的防御,这时却面临被合围的威胁。

苏军指挥部识破并挫败了德军的这一意图。近卫机械化第四军,一面继续从南面进攻贝尔格莱德;一面向东南方实施突击,以便接应第五十七集团军的右翼各兵团。至10月17日,苏、南两国军队在贝尔格莱德的东南合围了有20000名官兵的德重兵集团,并于10月19日将其全部击溃。南、保军队在塞尔维亚南部和马其顿的战斗情况,有助于贝尔格莱德方向的胜利。在进攻过程中,苏军同南斯拉夫人民解放军和保加利亚人民军协同动作的问题顺利地得到解决。

自1944年10月起,在南斯拉夫人民解放军最高司令部内驻有乌克兰的通信参谋,他经常向铁托报告前线的局势。此外,第五十七集团军参谋长维尔霍洛维奇常带领军官前往南斯拉夫各兵团司令部,以便组织协同动作。与保加利亚人民军的协同动作,是通过乌克兰第三方面军参谋长比留佐夫进行组织的。

　　贝尔格莱德战役最终以强攻贝尔格莱德而告结束。德军为了扼守南斯拉夫首都,从德军的几个师以及塞尔维亚志愿军和俄罗斯警卫军中调来一些部队和分队,并有40辆坦克、170门火炮,还在贝尔格莱德周围设置了地雷爆炸性障碍物以加强防御。德军指挥部力图在这座城市的附近就近牵制住苏、南军队的大量兵力,以便E集团军群的部队从希腊撤往匈牙利。

　　苏、南两国军队为了密切协同攻下贝尔格莱德,还曾为此专门召开指挥部联席会议,详尽讨论了强攻计划。至10月14日,近卫第四机械化军军长和

◆ 战场上的苏军战士(模拟场景)

南斯拉夫人民解放军第一集团军级集群司令员，经过反复磋商最后确定了双方军队强攻贝尔格莱德的行动计划。计划规定：

在狭窄的地段上从南面实施正面突击，尔后沿离心方向发展突击，分割德军守备部队并予以各个击破，达至全歼的效果。

参加强攻贝尔格莱德的苏军是：近卫第四机械化军、3个步兵师、3个炮兵旅、16个炮兵团和自行火炮团、一个高射炮兵师和3个高射炮兵团。南斯拉夫军队则是第一军和第十二军，共8个师。这些兵力的强攻行动，由空军第一集团军和多瑙河区舰队实施火力支援。

解放贝尔格莱德的战斗自10月14日起，一直延续至20日止，进行得异常激烈。在头两天，进攻部队就把德军集团切割成几个部分，并摧毁了该市南郊和东郊的大部分支撑点。

至10月20日前，苏、南两国军队在航空兵和多瑙河区舰队的支援下，以强攻占领了德军在贝尔格莱德的最后一个据点卡列梅格丹要塞。在巷战中击毙德军15000人，俘9000人。在贝尔格莱德战役之后，南斯拉夫人民解放军继续同德军占领者作战。

至1945年年初，他们解放了大部分国土，但德军仍占据波斯尼亚的部分土地，下一步的作战条件对南斯拉夫来说将是非常有利的。首要的原因是，南、德双方兵力对比上，南军已居优势地位。在1945年年初，在结束性战斗的准备阶段，南斯拉夫武装力量也进行了改组，改编为第一、第二、第三集团军，3月份又增编了第四集团军。

至此，南斯拉夫人民解放军共有57个师、一个坦克旅、一个骑兵旅、16个炮兵旅和3个工程兵旅，以及49支游击队。

从此，南斯拉夫部队和兵团在德军后方展开斗争的地点、时间和任务通常都与从正面进攻的南斯拉夫军队的行动相配合。南斯拉夫人民解放军连同游击兵团一起，计65万人。而南斯拉夫境内的法西斯德军计约40万人，此

外，协助他们作战的还有由当地的队伍约19万人。德军正规部队与当地部队、游击兵团和一些叛变分子组编的队伍加在一起，还不到60万人。

其次是由于，同盟国特别是苏联对南斯拉夫的援助大为增多。从1944年年底至1945年年初，苏联按照与南斯拉夫民族解放委员会的协议，提供了12个步兵师和两个航空兵师所需要的武器与装备。

一个由南斯拉夫人组成的南斯拉夫坦克旅配备了苏联的T—34坦克，并经过苏联专家培训，颇有战斗力。根据苏联政府命令转隶南斯拉夫司令部的维特鲁克将军的航空兵集群，于2月份培训南斯拉夫飞行员288名、技术人员345名。在南斯拉夫其他部队和兵团担任顾问的苏联军官，也都把苏军与德军长期斗争积累下来的丰富战斗经验毫无保留地传授给自己的战友们。

另外一个原因就是，南斯拉夫已建立起前线需要的巩固后方。在南斯拉夫共产党领导下，开展了为部队和兵团补充人员和武器的紧张工作，修筑了铁路和公路，企业、矿场和医院也开始恢复。所有这一切，加速了南斯拉夫解放战争的胜利早日到来。

1945年一二月间，南斯拉夫人民解放军与德军E集团军群的部队和兵团作战，粉碎了莫斯塔尔市区的德军和乌斯塔施—多莫勃兰军队，解放了黑塞哥维那等要地。

3月1日，南斯拉夫人民解放军改称为"南斯拉夫军"，海军改称为南斯拉夫海军，最高参谋部改组为总参谋部。国内政治生活也发生了重大变化。3月7日，南斯拉夫民主联邦临时联合政府宣告成立。政府的绝大部分成员来自人民解放阵线，共产党的代表起领导作用。铁托任政府首脑兼国防部长。该临时联合政府很快就得到了苏联、美国、英国和其他大多数反法西斯同盟国的承认，而新政府把彻底解放南斯拉夫视为自己的最重要的使命。

为了达到彻底解放南斯拉夫的目的，在南军的最高指挥部经过多方研究，决定第三集团军和第一集团军攻打班亚-卢卡、卡尔洛瓦茨和新梅斯托，第四集团军进攻里耶卡和的里雅斯特。最后，南斯拉夫军队应完成包括伊斯特利亚半岛、斯洛文尼亚沿海的里雅斯特的全部国土的解放，并为合围和彻

底歼灭E集团军群创造条件。

各集团军的任务是：第三集团军击败德拉瓦河德军的抵抗；第四集团军击败文科夫感地域的德军，然后在德拉瓦河和萨瓦河之间向西发展进攻，造成从北面和西北面包围德军的态势。第四集团军突破乌纳河与亚得里亚海之间的防线，并向的里雅斯特及其西北面实施迅猛的进攻，解放的里雅斯特，造成从西南面包围德军的态势。

第二集团军在战线的中间地段向多博伊、班亚－卢卡和卡尔洛瓦茨方向实施正面突击，牵制对峙之敌，不让其把军队调至翼侧阻挠南斯拉夫第一、第三和第四集团军的进攻。同时，南斯拉夫第四集团军，于3月20日开始在其左侧向里耶卡和的里雅斯特实施进攻。3月底，部队抵达里耶卡，部分兵力登上帕格岛和拉布岛。南斯拉夫第二集团军渡过博斯纳河，占领多博伊并进入到乌纳河。该集团军发展进攻，于4月底解放乌纳河下游一些居民点，并经多次激战于5月6日解放了卡尔洛瓦茨市。

整装待发的第一集团军方当即做出了一些调整，并于4月12日，在美丽的多瑙河与萨瓦河之间与德军周旋，最后瞄准时机朝德军守卫最为薄弱的地方一击成功，当日便解放了武科瓦尔市。

4月22日，部队进抵德军在贾科沃地区的第二防御地带，并从行进间突破防御，继续实施进攻。至5月3日，又击退伊洛瓦河地区德军的抵抗，迅速向萨格勒布挺进。南斯拉夫第三集团军也积极参加了行动，于4月13日强渡德拉瓦河，不久解放了瓦尔波沃和奥西耶克市。

部队的进攻与保加利亚第一集团军密切配合。4月15日，南、保两国军队共同解放了下米霍利亚茨。作战过程中，多瑙河区舰队担负炮火支援，并输送1500名登陆兵于奥帕托维采地域登陆，有效地支援了南斯拉夫部队。

在1945年三四月间，南斯拉夫人民军在德拉瓦河至亚得里亚海岸的战线上展开了总攻。而与此同时，在德军的后方，南斯拉夫兵团也开始积极作战。例如，第四军和第十一军从后方发起突击，协助第四集团军粉碎德军第十五军主力集团，解放了德军重要支撑点比哈奇市，并以积极行动破坏德军

187

调动，不让德军机动兵力兵器，从而有力地配合了第四集团军胜利前进。3月中旬，根据南斯拉夫总参谋部指示成立了萨拉热窝部队集群作战参谋部，所属第二、第三和第五军务兵团和部队受领了解放萨拉热窝的任务。

战斗全面展开，德军遭重创，并于4月6日被迫撤离萨拉热窝市。在东波斯尼亚进攻战斗中，第二集团军得到在敌后的第三、第五军务师的援助。

在希雷姆正面地段，第六军和第十军各师与第一、第三集团军密切协同，而游击队和游击小组通常都在敌后兵团指挥员的领导下联合行动。德军企图撤至奥地利和德国境内。

在里耶卡接近地、斯拉沃尼亚-布罗德附近和伊洛瓦河上的战斗，以及争夺卡尔洛瓦茨市的战斗最为艰苦。南斯拉夫第四集团军前出到南斯拉夫与意大利旧边界后，立即封锁了里耶卡港口，并于4月30日抵达的里雅斯特。

第九、第七军和第四、第十一军的部队，在敌后袭击德军交通线，协同第四集团军进攻的里雅斯特。4月底，第四、第十一军的队伍编入第四集团军。第九军完成从西面封锁的里雅斯特的任务后，参加了对该市的强攻。

战况对德军来说真是到了穷途末路，尤其在激烈的里雅斯特一战中，德军损失巨大，只得放弃苦心经营的一个个街区，另谋生路去了。

5月1日，除两个不大的德军集群仍在负隅顽抗外，该市几乎完全解放，与南军一起参加战斗的还有新西兰第二师所属部队，攻城结束后该营被命名为苏联第四突击营。

至5月7日，南军彻底粉碎了伊斯特利亚半岛和斯洛文尼亚沿海德军的抵抗。南军解放的里雅斯特市大大出乎英、美军的意料之外，驻意大利北部盟军军事指挥部令其所属军队赶在南军解放该市前进入，未遂。于是又要求南军从该市和伊斯特利亚半岛撤出，遭南军严词拒绝。

5月15日，英、美政府以最后通牒方式给南斯拉夫发出照会，继续坚持上述无理要求。在这种情况下，斯大林致信杜鲁门，公正评价南斯拉夫人民在战胜德军中的巨大贡献："以我所见，必须注意到这样的事实，即正是南斯拉夫军队把德国侵略者从其占领地赶走，从而为盟国的共同事业立了大功。"

为了尽快解决这些问题，南斯拉夫政府顾全大局，接受了盟国的要求。6月9日，以南斯拉夫为一方，以英、美为另一方，在贝尔格莱德签订了关于尤利亚克腊伊纳的临时协定。据此，的里雅斯特和伊斯特利亚半岛西部沿岸由英、美军事指挥部接管。与此同时，协定还专门强调，所达成的协议并不排斥将来解决尤利亚克腊伊纳问题的可能性。

至此，南军几乎解放了南斯拉夫的全部领土。E集团军群残余部队垂死挣扎，千方百计地想冲出合围圈向英军投降未遂，继续被围困在斯洛文尼亚和奥地利。歼灭E集团军群的战斗从5月8日开始，至15日结束。

尽管德军技术装备水平遥遥领先，最终还是输给了得道多助的南斯拉夫军民。仅1945年，德军在南斯拉夫就丧失30多万人，并损失许多武器、技术装备和其他军事装备。1945年11月29日，南斯拉夫立宪会议首次通过声明，宣布南斯拉夫彻底废除君主制度，并成立南斯拉夫联邦人民共和国。反法西斯斗争的胜利结束，在南斯拉夫的历史上揭开了新的一页。

布达佩斯的
解放战役

在苏德的战场上，苏军实施全线进攻，捷报频传。

苏联元帅托尔布欣指挥的乌克兰第三方面军与南斯拉夫人民解放军联合解放了南斯拉夫首都贝尔格莱德之后，正在向匈牙利南部变更军队部署，以便强渡多瑙河，随后在多瑙河西岸匈牙利作战。

苏联元帅马利诺夫斯基指挥的乌克兰第二方面军，于1944年10月底前在乔普、尼赖吉哈佐、索尔诺克等一线进行作战，其当面之敌为弗里斯纳上将指挥的德军南方集团军群。德军在匈牙利首都布达佩斯周围建立了一系列坚固筑垒防御地区和市区围廊。

在布达佩斯西南，沿巴拉顿湖、韦伦采湖一线，直至瓦茨附近的多瑙河弯曲部，再沿捷匈边境，构筑了一条防御地带，即所谓"马尔加里塔防线"。但是，德军在布达佩斯附近并无重兵配置，因为当时德军主力还在尼赖吉哈佐方向作战。

战况不断好转，对于苏军来说全线胜利已指日可待，当前的问题便是如何能够降低损失，以最快的速度取得胜利。乌克兰第二方面军转入进攻，攻占匈牙利首都布达佩斯，迫使匈牙利退出战争。

盟军方面军在其左翼以第四十六集团军和近卫第二、第四机械化军的兵力，向凯奇凯梅特、布达佩斯总方向实施主要突击，突破德军在布达佩斯东南的防御，攻占布达佩斯市。地面突击的航空火力支援，由空军第五集团军负责。近卫第七集团军由索尔诺克东北地域实施辅助突击，以便强渡蒂萨河，并在索尔诺克地域夺取该河西岸登陆场。

德军方面军余部则继续向米什科尔茨方向进攻，牵制当面德军兵力，使其无法调往布达佩斯地域。乌克兰第三方面军继续变更部署，集中主力于南斯拉夫巴纳特，同时派出先遣部队夺取匈牙利境内多瑙河右岸各登陆场。彼得罗夫大将指挥的乌克兰第四方面军，向捷克腹地进攻，以策应布达佩斯战役的顺利发展。

1944年10月29日，苏军乌克兰第二方面军转入全线进攻，攻其不备，出其不意方面军左翼的进攻发展顺利，至11月2日，距布达佩斯仅15千米。但是，德军很快地调整了部署，向布达佩斯地域调集重兵，阻住了苏军迅猛发展进攻的势头。一场持久战开始了。

11月4日，苏军统帅部大本营经研究命令马利诺夫斯基尽快将方面军中央和右翼军队撤至蒂萨河岸，以便加宽进攻地带，从而达到北面和东北面实施突击，与左翼军队协同，粉碎德军布达佩斯集团。

乌克兰第二方面军执行了这一颇具影响的命令，便于11月11日再次发起进攻，在长达16天之久的作战中，却未能在城市以东分割和粉碎德军布达佩斯集团。

鉴于部队连续进攻3个多月已疲惫不堪，秋季道路泥泞难行，交通线过长，弹药的运送很不及时，及德军顽强抵抗等诸多因素，马利诺夫斯基司令员要求暂停进攻，并获得苏军最高统帅部大本营的许可。

12月5日，乌克兰第二方面军重新开始进攻。其左翼和中央连续5天企图从北面和西南面实施迂回，以围歼德军集团，但未能奏效。第四十六集团军强渡多瑙河后，在西岸夺取了一个不大的登陆场，但由于兵力不足，未能从西南进逼布达佩斯。

这样，以一个方面军攻占布达佩斯的第三次尝试又未成功。不过，乌克兰第二方面军解放了蒂萨河与多瑙河之间地带，切断了德军布达佩斯集团向北退却之路。

在乌克兰第三方面军第五十七集团军强渡过多瑙河之后，在西岸巴蒂纳和阿帕廷两地域夺取了登陆场。直至12月9日前，集团军已前出到巴拉顿湖以

南地域。从11月下半月起，编入该方面军的近卫第四集团军开始在多瑙河右岸投入战斗，并与乌克兰第二方面军第四十六集团军会师。从此，苏军有了向德军布达佩斯集团后方实施突击的可能。

12月12日，苏军最高统帅部大本营颁布关于乌克兰第二、第三方面军同时围歼布达佩斯德军的命令，同时让在多瑙河西岸作战的第四十六集团军转隶乌克兰第三方面军。

此时的苏、德两军的情况大体是这样的：乌克兰第二方面军有39个步兵师、两个坦克军、两个机械化军、两个骑兵军、14个罗马尼亚师。

乌克兰第三方面军有31个步兵师、一个海军陆战旅、一个坦克军、两个机械化军、一个骑兵军和一个筑垒地域。在该方面军编制内作战的还有保加利亚第四集团军。

空军第五、第六集团军航空兵和多瑙河区舰队舰艇负责对方面军地面进攻行动实施火力支援。南斯拉夫第三集团军在乌克兰第三方面军以南行动。

苏军两个方面军当面的德军为南方集团军群和F集团军群一部，其中包括9个坦克师、4个摩托化师、一个摩托化旅、一个骑兵旅以及第四航空队的大量航空兵。

与此同时，苏军最高统帅部大本营给乌克兰第二方面军下达的命令是，由沙希地域向凯贝尔库斯特总方向实施突击，在奈斯梅伊、埃斯泰尔戈姆地段进抵多瑙河，阻止布达佩斯德军集团向西北退却。

与此同时，方面军应以部分兵力从东面向布达佩斯进攻。乌克兰第三方面军受领的任务是，由韦伦采湖地域向北面，即向比奇凯方向实施突击，在埃斯泰尔戈姆、奈斯梅伊地域进抵多瑙河岸，并与乌克兰第二方面军会合，切断布达佩斯德军集团西退之路。

方面军的部分兵力应由比奇凯地域向布达佩斯进攻，并与乌克兰第二方面军协同攻占该市。乌克兰第三方面军还应在布达佩斯以西及其西南50千米至60千米处构成对外正面。

12月20日，苏军对德军布达佩斯集团再次发起进攻，进展顺利。至12月26日日终前，乌克兰第二、第三方面军在埃斯泰尔戈姆地域会合，完成了对德军布达佩斯集团的合围。尽管德军在坦克方面居优势，但苏军乌克兰第三方面军在激烈的战斗中不仅阻止了德军反突击集团的进攻，而且将该集团逐回出发阵地。乌克兰第二方面军一部1945年1月上半月对科马尔诺的进攻，对破坏德军反突击起了很大作用。

战场上的苏军战士（模拟场景）

从1944年12月27日至1945年1月18日，苏军进行了解放首都东部——佩斯的战斗，从12月22日至2月13日进行了解放首都西部——布达的战斗。城内战斗由专门组建的布达佩斯集群进行。此役全歼德军18.8万人的集团，解放了布达佩斯。

在艰苦的布达佩斯之战结束后，为了对维也纳方向实施强有力的进攻创造可实现胜利的条件，苏军抽调出大量的兵力，而德军布达佩斯集团遭苏军围歼后，南斯拉夫境内德军交通线便处于苏军的直接威胁之下，致使德军统帅部被迫作出了加速撤退军队的决策。

苏军乌克兰第二、第三方面军结束布达佩斯战役后，即着手准备向维也纳方向发展进攻。德军统帅部拼命抓住每一小块土地不放，企图赢得时间以逃避彻底的毁灭。

1945年2月中旬，德军统帅部从西线阿登山脉抽调装备有最新式坦克的党卫军坦克第六集团军至巴拉顿湖地域，为转入反攻准备条件。在乌克兰第三方面军当面，德军集中了南方集团军群和E集团军群所属、5个战斗集群、一个摩托化旅、4个强击火炮旅，计官兵43.1万人、火炮5630门、坦克和强击火炮877门、装甲输送车900辆、飞机850架。

德军在坦克和强击火炮方面占优势，总数为苏军的21倍。德军统帅部妄图粉碎乌克兰第三方面军，恢复多瑙河防御，继续盘踞匈牙利的石油产地，消除对奥地利工业区和德国南部工业区的威胁。

苏军最高统帅部大本营以乌克兰第三方面军实施顽强而积极的防御，疲惫和消耗德军突击集团，尔后向维也纳方向发展进攻。方面军编成内计有37个步兵师、6个保加利亚步兵师、两个坦克军、一个机械化军、一个骑兵军，共有官兵约40.7万人、火炮7000门、坦克炮407辆、飞机965架。

苏军方面军的战役布势为两个梯队。第一梯队由近卫第四诸兵种合成集团军、第二十六、第五十七集团军编成；第二梯队为第二十七集团军，而近卫第一机械化军、近卫第五骑兵军步兵第八十四师和6个炮兵旅为方面军预备队。

苏军方面军的基本兵力集中在德主力可能进攻的近卫第四集团军和第

二十六集团军的防御地带。防御计划拟定了数种行动方案，并根据德军可能实施的突击情况，在现地——进行过实兵演练。在陆军防御作战中，由乌克兰第三方面军所属空军集团军和乌克兰第二方面军所属空军第五集团军一部实施火力支援。

被苏军打得焦头烂额的德军处境越来不妙，长此以往，极有覆灭的危险，为了求得缓气之机，于3月5日夜组织了一场较为猛烈的进攻。而苏军寸土必争，进行了顽强殊死的防御。激烈战斗持续了多天，双方参战兵力超过80万人、火炮12500余门、坦克约1300辆、飞机1800余架。

苏军广泛机动预备队和炮兵，各部队和兵团坚韧不拔，积极防御，致使德军一筹莫展。德军只取得了一些战术成果，即楔入苏军韦伦采湖以南的防御12千米，楔入沙尔维茨运河以西的防御约30千米，德军损失40000余人、坦克500辆（门）、火炮300门。遭重创后，德军于3月15日被迫停止进攻，转入防御。通过巴拉顿湖战役，苏军完全粉碎了德军统帅部在苏德战场南翼阻止苏军进攻的企图。

3月16日下午，在经过强大的炮火准备和航空火力准备后，苏军乌克兰第三方面军近卫第九、第四集团军转入进攻。开始时，德军惊惶失措，未进行认真抵抗，但很快即恢复了被炮火和飞机袭击打乱了的指挥系统，许多地段上的步兵和坦克一起开始反击。

至3月16日日终时，苏军推进不过3000米至7000米。苏军最高统帅部大本营根据当时的情况，当天就把近卫坦克军第六集团军调给乌克兰第三方面军，命令利用该集团军发展方面军突击集群的攻势，并与第二十七集团军共同击溃党卫军第六集团军。

苏军方面军右翼部队粉碎了德军的顽抗，于进攻的第三天傍晚把突破口扩大到30多千米，向纵深推进达20多千米。这时，德军又把预备队和由未遭冲击的地段调来的部队派到突破地段，利用山区地形进行顽抗。

为了加快进攻的速度，3月19日晨，近卫坦克第六集团军奉命投入近卫第九集团军地带的交战，方面军司令员要求这两个集团军尽快完成对党卫军第

六坦克集团军的包围。

此外，他还命令从3月20日晨开始，以近卫第四集团军一部以及第二十六、第二十七集团军的兵力向别尔希达、波尔加迩迪、列普申实施突击。第十八坦克军和近卫第一机械化军在第二十六、第二十七集团军进攻地带内作战。

苏军在执行任务过程中，使德军受到重创。尽管如此，德军仍不惜代价地拼命抵抗，以使自己的部队免遭合围，撤出韦伦采湖和巴拉顿湖之间的地域。有鉴于此，苏军最高统帅部大本营批准方面军使用空军第十八集团军的部分兵力。

3月21日夜间，该集团军的远程轰炸机袭击了铁路枢纽维斯普雷姆。空军第十七集团军的轰炸机和强击机消灭了行进中的德军纵队，摧毁了德军的通信枢纽部、防御工事以及停放在机场上的飞机。

盟军航空兵与苏军协同于3月下半月轰炸了奥地利南部、匈牙利西部一些机场、铁路枢纽、桥梁和工业设施。由于采取了上述种种措施，乌克兰第三方面军主力的进攻发展得比最初几天要快。至3月22日黄昏，党卫军第六坦克集团军主力几乎全部被围，但是，未能全歼。德军以巨大代价撤走了相当数量的有生力量和技术兵器。

苏军受命向帕波、肖普朗，而不是在原先提议的桑博特黑伊实施主要突击。为此，近卫第九集团军和近卫第六坦克集团军进攻克塞格，近卫第四集团军被重新部署到近卫第九集团军的右翼地带，以便与近卫第九集团军和近卫第六坦克集团军一起进攻维也纳。

第二十六集团军向桑博特黑伊实施突击，而第二十七集团军则向往洛埃格塞格实施突击，第五十七集团军和保加利亚第一集团军在4月日前占领瑙吉考尼绕地域。

方面军的队伍接到任务后，立即朝指定方向实施进攻，发展顺利。

3月29日，苏军乌克兰第三方面军第五十七集团军和保加利亚第一集团军在巴拉顿湖以南转入进攻，4月2日解放匈牙利的石油中心，并向西北方向发

展进攻。

　　苏军乌克兰第二方面军左翼于3月转入进攻，突破德军多瑙河以南防御后，向杰尔方向发展进攻，以部分兵力进至科马罗姆地域，切断了德军埃斯泰尔格姆-托瓦罗什集团西逃之路，并于27日将其肃清。

　　至28日，第四十六集团军肃清了多瑙河南岸埃斯泰尔戈姆至拉包河口地段之德军，攻占了科马尔诺。并与4月2日在多瑙河与新锡德尔湖之间进抵奥匈边界。乌克兰第三方面军的部队于4月1日至4日攻占肖普朗和新维也纳，前出到维也纳的接近地。

　　德军被彻底赶出匈牙利的日子越来越近，他们对匈牙利的掠夺也更加猖狂。城市变成了废墟，农村被洗劫一空，人民财产损失约40％。与德国占领者勾结的萨拉希集团、地主及资本家们，带着黄金储备和匈牙利的其他国宝逃往西方。

　　4月4日，德军的最后一支部队被赶出了匈牙利。匈牙利群众热情欢呼全国解放。全国到处都举行集会和游行，庆祝这个意义重大的事件。匈牙利政府专门作出决议，规定4月4日为解放节。从此以后，匈牙利人民每年都隆重庆祝这个伟大节日。

　　布达佩斯战役的胜利，是苏联、罗马尼亚和匈牙利三国军队密切协同、共同奋战的结果。在解放布达佩斯的战斗中，罗马尼亚的一些兵团和匈牙利布达志愿团，都曾与苏军并肩作战。

　　在布达佩斯战役中，苏、罗、匈三国军队取得了在大工业城市实施战斗的丰富经验，尤其在使用强击群和在德军坦克占压倒优势条件下，建立合围的对外正面及强渡多瑙河、蒂萨河等方面，他们取得的经验更为丰富。

希腊人民的
解放斗争

希腊的领土于1941年6月被德国、意大利和保加利亚军队肢解。从此，希腊人民反对占领者的斗争风起云涌，一浪高过一浪。

1944年年初，希腊反动政府企图以暴力消灭人民武装力量未遂。人民解放军在斗争中发展壮大，并解放了2／3的国土。4月5日，人民解放军总司令部命令各部队准备对正在撤退的占领军发动总攻，人民解放军部队奉命于4至5月间广泛展开了大规模的进攻，希腊许多城市相继解放。

1944年9至10月，人民解放军消灭德军30000余人，解放了全国33个省中31个省，并解放了首都雅典。但德军还控制着克里特和其他岛屿。直至1945年5月德国投降时，希腊才完全获得解放。在整个战争期间，人民解放军牵制了德国12至14个正规师，有力地支援了盟军作战。

1944年9月，在英国策划下，关于统一希腊武装力量的会议在意大利卡塞塔举行并达成协议：

所有希腊游击队归希腊盟军司令英国将军罗纳德·斯科比指挥。

至10月底，英军乘希腊解放之时，在希腊登陆，并开始对希腊内政进行武装干涉。

英军开进雅典后，斯科比剪除人民武装力量的狰狞面目暴露无遗：他下令单方面解散希腊人民军队，却不解散希腊右翼武装。为抗议英军和希腊政

🔺 战场上投降的德军士兵（模拟场景）

府违背贝鲁特协议的卑劣行径，希腊民族解放阵线和希共参加政府的12名部长集体辞职。

12月3日，雅典50万居民举行游行示威，反动警察对示威群众进行了血腥镇压。两天之后，英军奉丘吉尔之命帮助希腊反动派武力镇压人民群众的反抗，制造了"雅典血案"，对雅典造成了不可估量的损害。

据斯科比自己供认，英军仅"一夜之间就对雅典投下了22枚炸弹"。英军在持续长达33天的血腥镇压中，杀害爱国者和雅典居民10000余人。

1945年1月，50000名希腊爱国人士被捕入狱。希腊共产党领导军队对英国反动军队进行了坚决的回击，由于英军力量不断增强，人民解放军反击失

利，只得于1945年1月5日退出雅典。

2月12日，希腊政府、英国大使以及民族解放军阵线在雅典附近的瓦尔基茨召开会议，在实行重大改革、大赦政治犯、在国际监督下就君主制问题举行全民投票等方面达成了协议。

协议还规定，除了流亡政府的军队外，解除一切军事组织及其武装，重新组成统一的国家军队。在强大的政治军事压力下，希腊民族解放阵线被迫宣布解散人民军队，交出了大批武器。

但是，希腊政府并没有真正履行《瓦尔基茨协议》，它窃取了希腊共产党和广大人民多年来用生命和鲜血换来的反法西斯斗争的胜利果实。

图书在版编目（CIP）数据

　　怒海翻腾：第二次世界大战大西洋战事 / 胡元斌主编
. ——北京：台海出版社，2013.8（2021.5重印）
　　（第二次世界大战纵横录）
　　ISBN 978-7-5168-0241-0

　　Ⅰ.①怒… Ⅱ.①胡… Ⅲ.①第二次世界大战—史料
Ⅳ.①E195.2

　　中国版本图书馆CIP数据核字(2013)第188670号

怒海翻腾：第二次世界大战大西洋战事　　　第二次世界大战纵横录

主　编：胡元斌　严　锴

责任编辑：孙铁楠　　　　　　　　　装帧设计：大华文苑
版式设计：大华文苑　　　　　　　　责任印制：严欣欣　吴海兵

出版发行：台海出版社
地　　址：北京市东城区景山东街20号　　邮政编码：100009
电　　话：010—64041652（发行，邮购）
传　　真：010—84045799（总编室）
网　　址：www.taimeng.org.cn/thcbs/default.htm
E-mail：thcbs@126.com

经　　销：全国各地新华书店
印　　刷：北京九天鸿程印刷有限责任公司
本书如有破损、缺页、装订错误，请与本社联系调换

开　　本：710×1000　　　　1/16
字　　数：210千字　　　　　　　　　印　张：13
版　　次：2014年1月第1版　　　　　印　次：2021年5月第4次印刷
书　　号：ISBN 978-7-5168-0241-0

定　　价：48.00元